JN057469

管理職用

ハラスメント研修の教科書

**管理職として知っておきたい
　ハラスメントの知識と対応**

弁護士
坂東利国　著

【様々なハラスメントに対応】
パワーハラスメント
セクシュアルハラスメント
マタニティハラスメント

はじめに

2020年（令和2年）6月1日に、ハラスメント対策強化のための法改正が施行（適用）されました。

改正の中心は、事業主に対し、職場におけるパワーハラスメントを防止するために雇用管理上必要な措置を講ずる義務を課すというものです（労働施策総合推進法30条の2）。そのため、2019年から2020年にかけてパワハラ研修が増え、筆者も企業の管理職研修、相談員研修、社労士会の研修の他、一般財団法人ハラスメントカウンセラー協会が主催する、ハラスメント相談員認定研修及び、ハラスメントカウンセラー研修などの講師を務めさせていただいています。また、ハラスメント相談員のための書籍や、ハラスメントのリスクマネジメントの書籍も執筆し、顧問先からのハラスメントに関する相談も増えています。

こうした中で、実務に携わっている方々から多くの質問や、実務の悩みを聞かせいただくことで筆者としても大変勉強になり、ハラスメントに関する情報やリスクマネジメントのノウハウを蓄積することができました。

これらの蓄積をもとに、管理職向け研修の書籍版として、本書を刊行させていただきます。

本書では、管理職の方に知っておいていただきたいハラスメントの知識やハラスメント防止措置、ハラスメントの法的責任、ハラスメント相談を受ける場合の注意点などについて説明しています。

管理職の方は、自らが職場におけるハラスメント行為者とならないように心がける必要がありますが、それだけでなく、事業主の雇用管理上の措置義務や職場環境維持（配慮）義務を実施する地位にある者として、ハラスメントを放置せずに対応し、ハラスメント予防に取り組むことが求められます。そこで、本書では、管理職の方に知っておいていただきたいハラスメントの知識やハラスメントをしないための注意点を説明するとともに、ハラスメント防止のための事業主の雇用管理上の措置について、厚生労働省が公表している指針に基づいて説明しました。

また、ハラスメントの相談窓口を設置している企業であっても、管理職の方はハラスメントの相談を受けることがあります。特に、いわゆるグレーゾーンのハラスメントは、相談窓口に相談してよいものか迷った人が、上司等の管理職に相談することがあることから、ハラスメントの相談があった場合の対応の注意点についての説明も掲載しました。

筆者は弁護士のため、法令や指針だけでなく、裁判例を重視して仕事をしています。そこで、ハラスメントの法的責任の章を設けて、裁判例の分析から、ハラスメントに関して注意したいポイントを解説しておきました。さらに「コラム」を設けて、関連する豆知識や裁判例に言及し、細かな内容・知識も含まれているので、読んでいただければ、実務の参考・ヒントになるものがあるはずです。

　なお、ハラスメントの裁判例については、拙著「人事に役立つ ハラスメント判例集50」（一般財団法人　全日本情報学習振興協会・2020年）で、職場におけるハラスメントに関する実務に関わる方々向けに、職場におけるハラスメントの実態や会社の対応などの実際を裁判例から学べるようにまとめました（判決のポイント、ハラスメントに至った背景、判決が認定した具体的なハラスメント言動、反対に違法なパワハラとは認定されなかった言動、会社や管理職、事実調査における担当者らの対応、裁判所がどのような証拠に基づいてハラスメント言動を認定したのかなど）。本書と併せてご利用いただければ、ハラスメント関連の情報は網羅できるはずです。

　ハラスメント対策は、人間関係に関する微妙な問題でもあり、残念ながら、これをすれば予防できるというような万能の策はなく、いくつかの策を講じて総合的にリスクを取り除くしかないものだと思います。特に、いわゆるグレーゾーンのケースではその感を強くします。本書で説明した知識に基づいて適切な対応を続けることで、ブラックなハラスメントだけでなく、グレーなハラスメントのリスクを確実に低減できるはずです。

　本書が、ハラスメント対応の実務に関わる方々のお役に立てれば幸いです。

2020年7月
坂東利国

目次

第1章　ハラスメント対策の必要性

第2章　ハラスメントの意味と問題になりやすい論点

第3章　職場におけるハラスメントを防止するための措置

凡例

第 1 章　ハラスメント対策の必要性

1　ハラスメント対策強化のための法改正

　2019 年（令和元年）5 月 29 日に、「女性の職業生活における活躍の推進に関する法律等の一部を改正する法律」が国会で可決・成立しました。

　この法律は、女性活躍推進のための女性活躍推進法の改正と、ハラスメント対策強化のための労働施策総合推進法等の改正を中心とする改正法です。

　このうち、「ハラスメント対策強化のための法改正」の中心となるのが、事業主に対し、職場におけるパワーハラスメントを防止するために雇用管理上必要な措置を講ずる義務（雇用管理上の措置義務）を課す労働施策総合推進法 30 条の 2 の新設です。

　職場におけるセクシュアルハラスメントについては、2006 年（平成 18 年）の男女雇用機会均等法改正により、事業主の雇用管理上の措置義務が設けられています（同法 11 条）。また、職場における妊娠・出産・育児休業等に関するハラスメント（いわゆるマタハラ・パタハラ・ケアハラ）については、2016 年（平成 28 年）の男女雇用機会均等法および育児・介護休業法の改正により、事業主の雇用管理上の措置義務が設けられています（男女雇用機会均等法 11 条・11 条の 2、育児・介護休業法 25 条）。

　なお、2016 年（平成 28 年）には女性活躍推進法も成立しています。

　このようにして、セクハラやマタハラ等に関しては法整備が進んでいました。パワハラについては、2000 年代初頭から「パワーハラスメント」という言葉が用いられるようになった新しい概念であることもあり、法律による対応は遅れていました。

　しかし、最近は、職場におけるいじめ・嫌がらせといったパワハラに関係した相談が、企業でも都道府県労働局でも増加しています。

　そこで、2017 年（平成 29 年）3 月に政府の働き方改革実現会議が発表した「働き方改革実行計画」では、「健康で働きやすい職場環境の整備」として、「メンタルヘルス」と並んで「パワーハラスメント」の防止対策の取組強化が挙げられました。

　これらの流れを受けて、2019 年（令和元年）5 月に、職場におけるパワーハラスメントに関する事業主の雇用管理上の措置義務（労働施策総合推進法 30

条の2）が新設されたのです。

　新設された労働施策総合推進法30条の2は、2020年（令和2年）6月1日から適用（施行）されています。

> **［コラム1：中小企業の経過措置について］**
>
> 　いわゆる中小企業の場合は、パワハラ対策の雇用管理上の措置を講ずることが必ずしも容易でないことから、2022年（令和4年）3月31日までは、雇用管理上の措置義務を努力義務とする経過措置がとられています（改正法附則3条）。「努力義務」とは、法的な義務ではあるけれども、義務違反が直ちに厚生労働大臣の是正勧告等の対象となるわけではないというものです。中小企業については、努力義務として周知期間をおいて、2022年までの対応を促そうというわけです。
>
> 　ただし、努力義務だからといって、中小企業がパワハラ対策を講じなくてもよいということにはなりません。ハラスメント対策は、人権尊重の理念から必要なことです。また、事業主が何もパワハラ対策をしないで悪質なパワハラを放置した場合は、事業主は民事上の損害賠償責任を負うことがあります。後で説明しますが、事業主は、労働者に対して、安全配慮義務や職場環境維持義務といった義務を負っていて、事業主がこの義務に違反して悪質なハラスメントを放置した場合には、事業主が民事上の損害賠償責任を負うとする裁判例があります。

2　ハラスメントの何が問題なのか

　「ハラスメント」というと、セクシュアルハラスメント、マタニティハラスメント、パタニティハラスメント、ケアハラスメント、パワーハラスメント、アルコールハラスメント、アカデミックハラスメント、エイジハラスメント、スメルハラスメント…など、様々な類型のものが提唱されています。30種類以上あるという指摘もあり、「ハラスメントハラスメント」（「それってパワハラじゃないですか。」などと些細なことでもハラスメントを強調してくるハラスメント）というものまで言われるようになりました。

　「これって○○ハラスメントなんでしょうか？」とか「○○ハラスメントだからアウトなんでしょうか？」などと、ハラスメントの類型を気にする方もいます。

　しかし、上記の類型は、一般的に提唱されているものであって、法的な用語ではありません。定義や要件が確立していないものも多く、「アルハラだからアウト」とか「アカハラだからアウト」などと一般論化できるものではありません。

　それに、「これはセクハラでもパワハラでもないから会社として対応できない。」と考えてしまうと、例えば、セクハラともパワハラとも言い難い、同僚同士の悪質な「いじめ」への対応が遅れてしまい、いじめの対象となった従業員がうつ病になって休職したり、最悪自殺してしまうなどということになりかねません。

　パワハラ、セクハラ、妊娠・出産・育児休業等に関するハラスメントといった雇用管理上の措置義務が法律で明確になっているハラスメントは、しっかりと押さえておくべきです。それ以外のハラスメントについては、多数あげられている類型には必ずしもこだわらず、「就業環境を害し、労働者が就業する上で看過できない程度の支障が生じる発言や行動」は、事業主が放置せず、何らかの対応をした方がよいと考えることです。

　言い方を変えれば、「就業環境を害し、労働者が就業する上で看過できない程度の支障が生じる言動」が、例えば性的な言動の形をとる場合はセクハラ、優越的な関係を背景とした言動の形をとる場合はパワハラ、妊娠・出産に関する言動の形をとる場合はマタハラ、学問の場での言動であればアカハラといわれるのだと考えることができます。

　「就業環境を害し、労働者が就業する上で看過できない程度の支障が生じる発言や行動」は、人権侵害であり、このような行為は、人権尊重・受け手の保護の見地から許されないのです。

　裁判所も、「パワハラ」や「セクハラ」という用語を使うことはありますが、「パワハラだから損害賠償」とするわけではなく、パワハラにあたる言動が「人格権の侵害」にあたり不法行為であるから損害賠償を認める、セクハラにあたる言動が「性的自由の侵害」にあたり不法行為であるから損害賠償を認めるという説明をします。大切なのは「セクハラか」ではなく「人権侵害か」です。

3　人権尊重・受け手の保護

　職場におけるブラックなハラスメントが許されないのは、第一に、人権尊重の理念に反するからです。態様が悪質なハラスメント、すなわち、労働者が就業する上で看過できない程度の支障が生じるような悪質な言動は、ハラスメントを受ける人の人格権、性的自由、身体的自由といった人権を侵害する行為であり、違法（不法）な行為なのです。企業は、人権尊重の理念を重視するべき

であり、人権尊重の理念に反する従業員の言動を許すべきではありません。

　また、職場は人生の多くの時間を過ごす場、様々な人間関係を築く場ですから、そのような場での人格や尊厳を傷つけるハラスメントにより、労働者が意欲・自信をなくし、能力を十分に発揮することが妨げられてしまいます。さらには心の健康を悪化させ、休職・退職を余儀なくされたり、自殺に追い込まれることすらあります。このような状況から受け手を保護するためにも、職場におけるハラスメント対策が必要です。

　なお、期待に応えられない行動やミスなどに対して、上位者から「正論」ともいえる叱責を繰り返し受けたという経験のある方であればご理解いただけると思いますが、「正論攻撃」は、これに逆らえない受け手にとってつらいものです。個人的な意見になりますが、逆らえない上下関係のもとでの「正論攻撃」は、受け手を伸ばす糧になるというよりも、受け手の精神を疲弊させ、自由な思考を停滞させる効果の方が大きいと思います。

4　周囲への影響

　職場におけるハラスメント対策を考えるにあたっては、職場環境の悪化やモチベーションの低下といった周囲への影響も見過ごせません。

　ハラスメントに対して、周囲の従業員は、見ていないふりをしていたとしても、被害者（受け手）や行為者を会社がどのように扱うかに注目しています。会社が被害者の救済や行為者への対応を怠ってハラスメントを放置することにより、それを見ている周囲の従業員が上司や会社に対する信頼をなくしていきます。

　また、ハラスメントに甘い職場は、職場環境が悪化していき、従業員が円滑で快適な人間関係を築くことができなくなっていきます。影響力のある者が一定の従業員をターゲットにして、揶揄したりからかったりという「いじめ」といえる言動に出て、それに周囲の従業員が迎合して、数人による悪質ないじめ型のハラスメントに発展するといった事例が、いまだに報道されています。これなども、ハラスメントに甘いために職場環境が荒れていってしまった例といえます。

5　行為者にとっての不利益

　態様が悪質なハラスメントは、行為者にとっては、会社から懲戒処分され、または被害者等から損害賠償請求さるリスクのある行為といえます。懲戒処分や損害賠償の問題にならないまでも、ハラスメントをしたことにより、行為者の社内での信用・評価が低下しかねません。

　かつては、パワハラをしても注意・指導程度で終わってしまうことも多かったと思います。しかし、昨今はパワハラが社会問題化していますし、企業の人権尊重の姿勢も強くなっていますから、パワハラ行為者に対して厳しい処分で臨む企業も増えいます。行為者に対する周囲の目も厳しくなるでしょう。

　損害賠償請求についてみると、悪質なハラスメントの被害者は被害感情が強く、会社がとりなそうとしてもうまくいかず、訴訟にまで発展してしまうケースがみられます。この場合、被害者は、行為者（加害者）だけでなく、勤務先に対しても「使用者責任」を追及する傾向にあります。休職や退職、自殺に追い込まれたといったケースでは、請求額も大きくなります。このため被害者側（特に代理人の弁護士）は、個人である加害者だけでは賠償能力に不安があるため、勤務先に対しても使用者責任等の民事責任を追及することを考えます。

　「従業員同士の問題」と思っていたところ、勤務先まで巻き込んだ訴訟騒ぎになり、弁護士との打ち合わせ、弁護士費用など、大きな負担・時間を要することになり、会社の信用も失います。

　民事訴訟が判決に至った場合には、労働関係の第一審だと、平均審理期間は14.5 か月、平均期日実施回数は 8.5 回だそうです（2018 年の裁判所発表データ）。これだけの時間、勤務先と一緒に裁判に向きあわなければならないのです。

6　事業主にとっての問題

　これまでの説明と重なるところもありますが、会社にとってのリスクの面から、ハラスメント対策の必要性をみていくことにします。

（1）人的損失
　態様が悪質なハラスメントは、被害者が休職や退職に至るといった人的損失を招く恐れがあります。

　また、職場環境の悪化により、従業員の定着率が低下し、ひいては優秀な人材

の流出に繋がりかねないリスクもあります。優秀な人材ほど、ハラスメントに甘い職場から出ていくでしょう。

（2）レピュテーションリスク

　レピュテーションリスク（否定的な評価や評判が広まることによって、企業の信用やブランド価値が低下するリスク）も無視できません。

　例えば、厚生労働大臣は、職場におけるセクシュアルハラスメント、妊娠・出産・育児休業等に関するハラスメントおよびパワーハラスメントに起因する問題に関する雇用管理上の措置義務や、婚姻・妊娠・出産等や育児休業・介護休業等の申出・取得等を理由とする不利益取扱いの禁止（男女雇用機会均等法、育児・介護休業法または労働施策総合推進法の規制）に違反している事業主に対して、是正勧告をすることができます。そして、勧告に従わない場合には、その旨を企業名とともに公表することができます（男女雇用機会均等法31条、育児・介護休業法56条の2、労働施策総合推進法33条2項）。

　もっとも、企業名公表制度は、是正勧告に従えば回避できるのですから、まともな会社は恐れる必要がないでしょう。

　恐ろしいのは、ハラスメントの事実がマスコミによって報道されたり、SNS等のインターネットにより情報拡散して「炎上」することです。

　ハラスメントに甘い企業だという情報が拡散し、企業の評判・評価やイメージが低下することで、業績が下落したり人材確保に困難をきたすことになりかねません。また、SNSによる情報拡散やマスコミ報道に対応するために、対外的な発表をすることになったり、事実調査委員会を立ち上げて事実確認・公表をすることになったとか、上場企業で、情報拡散直後に株価が年初来最安値を記録したといったケースも報道されています。

　就職活動をしている学生に対しては、ハラスメントの職場であるという報道や情報拡散は大きな影響を持っています。多くの学生は、そういう評判のある会社への就職を希望しないでしょう。そのような評判を払拭して、企業の評価を回復するのには長い年月がかかるものです。

（3）法的なリスク

　先に指摘しましたが、悪質な態様のハラスメント事案は、訴訟に発展するリスクが高いといえます。被害者の被害感情が強く、対応した担当者のちょっとした失言で被害者や家族が感情的になってしまったり、弁護士に相談して訴訟

まで一気に進んだりと、紛争性が強い事案ということができます。会社が自主的解決のために努力しても、手遅れだったり、かえって火に油を注ぐ結果になってしまう場合があるのです。

　したがって、悪質な態様のハラスメントが発生したことを認知した管理職としては、いつまでも管理職レベルで対応しようとせず、人事担当などと相談して、会社の問題として扱い、事実確認、被害者対応、人事・懲戒の処分など、迅速に対応するべきです。

　例えば、悪質な態様であると思われるセクハラ相談を受けた管理職が、自分限りの対応として、行為者と被害者の席を引き離す処置をとったものの、人事には報告しないでいたところ、その約半年後に、配置転換により行為者と被害者が同じグループに入ってしまったというケースがあります。このケースでは、もともと管理職の処置に不満のあった被害者が、二重に被害を受けたとして、会社に対する不満を周囲にぶちまけて会社が対応に苦慮しているという相談を受けました。これなども、会社マターとせずに管理職限りで処置をすることのリスクが現実化した事例といえます。

7　ハラスメント問題のグレーゾーン

　ハラスメントには、「グレーゾーン」があります。

　ハラスメント問題のグレーゾーンは、行為者にはハラスメントの意図・意識がなく、その言動も「職場におけるブラックなハラスメント」と断定することはできないが、行為の受け手がハラスメントであると反応している状況といえます。

　例えば、セクハラであれば、特定の女性従業員を「ちゃん付け」する（行為者の意図は、親愛の情やフランクな姿勢を示すことにある）とか、職場で軽い下ネタを言う（行為者の意図は、職場の雰囲気を和ませようとすることにある）といったものがグレーゾーンにあるといえるでしょう。パワハラであれば、部下の不手際などをネチネチと注意する（行為者の意図は、「ミスをしたのだから当然。」「人格攻撃はしていないし。」）といったものが考えられます。

　このようなグレーゾーンのハラスメントを会社が放置するとどうなるでしょうか。

　グレーゾーンにある言動は、「職場におけるブラックなセクシュアルハラスメ

ント」や「職場におけるブラックなパワーハラスメント」に該当するとは断定できないことから、「会社として介入することは難しいね。」などとして、会社として対応しないことがあります。しかし、こういったグレーゾーンにある言動を会社が放置することは、次のような大きなリスクを伴います。

● **違法・不法なハラスメント（態様が悪質なハラスメント）に発展しかねない。**

　　例えば、セクシュアルハラスメントが問題となった事例の中には、男性従業員が女性従業員に対して冗談交じりに性的な発言（グレーゾーンのセクハラ）をしたのに対して、相手が苦笑いして対応するなど明確な拒否の姿勢を示さないことから、エスカレートして悪質な性的言動に及ぶケースがあります。いわば「当たり行為」として、当初は軽い性的言動を受け手に投げかけて、次第に調子に乗っていくのです。

　　パワーハラスメントの事例でも、ミスを繰り返す部下に対する上司の指導が、当初は穏当なものであったものが、ミスを繰り返すために次第にエスカレートして厳しい叱責になり（グレーゾーンのパワハラ）、ついに我慢の決壊点を超えてしまい、相手を人格的に攻撃する発言にまで及んでしまったというものがあります。

● **行為を受けた者の上司や事業主に対する信頼が失われていく。**

　　グレーゾーンを会社が放置することで、放置された受け手の不満・わだかまりが解消されずに残り、上司や会社に対する信頼が失われていくというリスクも考えられます。

● **ストレスの蓄積により受け手のメンタルヘルスに不調をきたす。**

　　人格攻撃などはしないものの、ネチネチと厳しい注意・指導を繰り返す場合、上司としては、「部下の側に問題があるから注意をしているんだ。」とか「人格攻撃や侮辱はしていないんだから、何の問題があるんだ。同じミスを繰り返さなければいいだけじゃないか。」と言いたいところでしょう。

　　そのような考え方に対しては、「正論攻撃」ともいえる、反論できない叱責を長期間にわたって繰り返された受け手のうち、一定数はメンタルに不調を来してうつ状態になってしまう事実があることをお伝えしておきます。自殺に至ったというケースもあります。

　　「だって、部下のほうに原因があるんだから。」と弁解したところで、例えば、受け手が自殺に追い込まれた場合、ご遺族としては、パワハラなどの強い心理的負担を受けたことにより自殺に追い込まれたのだとして、行為者や

会社を訴えることになるのではないでしょうか。「真実を知りたい」として訴訟提起する場合もあります。

このようなリスクを回避または軽減するために、違法なハラスメントに発展する前のグレーゾーンの段階で会社が適切な対処をするべきです。

ハラスメントのグレーゾーンの段階でリスクを軽減するために、会社として、どのような対応が考えられるかについては、後で説明します。（☞ 第３章 3「ハラスメント対応の全体像」）

また、グレーゾーンには、受け手の「過剰反応」ではないかと思われる場合もあります。この問題についても、後で説明します。（☞ 第３章 6 (6)「気をつけても避けられない軋轢」）

8　事業主の法的な義務

(1) 雇用管理上の措置義務

職場におけるセクシュアルハラスメントと職場における妊娠・出産・育児休業等に関するハラスメントについては、これらに起因する問題に関して、雇用管理上必要な措置を講ずべき義務が事業主に課されています（男女雇用機会均等法 11 条・11 条の 2、育児・介護休業法 25 条）。

職場におけるパワーハラスメントについても、2019 年（令和元年）に労働施策総合推進法が改正されて、パワハラに起因する問題に関して雇用管理上必要な措置を講ずべき事業主の義務の規定（30 条の 2）が新設されました。

管理職は、ハラスメントを防止するための事業主による雇用管理上の措置を実施する一翼を担うことになります。

なお、厚生労働大臣は、これらの雇用管理上の措置を講ずる義務に違反している事業主に対して是正勧告をすることができ、勧告に従わない場合には、その旨を公表することができます（男女雇用機会均等法 30 条・31 条、育児・介護休業法 56 条・56 条の 2、労働施策総合推進法 33 条 1 項・2 項）。

(2) 安全配慮義務・職場環境維持義務等

使用者は、労働者に対し、安全配慮義務を負うとされています。労働契約法 5 条に「使用者は、労働契約に伴い、労働者がその生命、身体等の安全を確保しつつ労働することができるよう、必要な配慮をするものとする」との定めが

あるのは、その趣旨です。「生命・身体等の安全」については、メンタルヘルスの安全も含まれると解されているため、事業主は、労働者が強度の心理的負担を受けてメンタルヘルスに不調をきたすことのないように注意すべき義務があるといえます。

　また、近時の裁判例は、使用者は労働者が働きやすい職場環境を整備し保つように配慮したり良好な職場環境を整備すべき信義則上の義務を負うと指摘するようになってきました。これらは、「職場環境維持義務」とか「職場環境配慮義務」などと呼ばれており、悪質なハラスメントを受けた被害者による損害賠償請求の訴訟では、これらの義務に違反してハラスメントを放置した使用者は、慰謝料その他の損害賠償責任を負うという判決が出ています（裁判例については、後で解説します。☞ 第4章5「使用者の民事責任－使用者固有の責任」）

　ですから、使用者は、労働者の心身の健康が害されないように、他の労働者等によるハラスメントを防止するための措置を講じなければならないといえます。

　そして、このような措置を講じ、会社の安全配慮義務や職場環境維持義務を実施するのが、管理職の方々です。

　安全配慮義務や職場環境維持義務などが問題となった裁判例では、ハラスメントに対して上位者がどのような事実を把握していたかとか、上位者がどのように対応したかが問題となり、上位者を証人尋問するなどして、事実認定が行われています。

第2章　ハラスメントの意味と問題になりやすい論点

1　パワーハラスメント

> **労働施策総合推進法**
>
> （職場における優越的な関係を背景とした言動に起因する問題に関する雇用管理上の措置等）
>
> 30条の2　事業主は、職場において行われる優越的な関係を背景とした言動であって、業務上必要かつ相当な範囲を超えたものによりその雇用する労働者の就業環境が害されることのないよう、当該労働者からの相談に応じ、適切に対応するために必要な体制の整備その他の雇用管理上必要な措置を講じなければならない。

（1）意義

　管理職向けのハラスメント研修をすると多く質問されるのは、「言うことを聞かない部下には強く言ってしまうこともあるのですが、大丈夫でしょうか。」というものです。そこで、職場におけるパワーハラスメントの意味・要件について確認します。

　後で説明しますが、職場におけるパワーハラスメントは、受け手がそう思った言動がそれに該当するというものではなく、それなりの高さのハードルを越えた言動である必要があります。

　「職場におけるパワーハラスメント」（パワハラ）とは、職場において行われる、①優越的な関係を背景とした言動であって、②業務上必要かつ相当な範囲を超えたものにより、③その雇用する労働者の就業環境が害されることです。

　2000年代に入ってから、パワハラが社会問題化し、「働き方改革実行計画」（2017年3月）でも、具体的な施策の1つとして、「メンタルヘルス・パワーハラスメント防止対策の取組強化」があげられました。

　パワーハラスメントの相談は増加傾向にあり、都道府県労働局では、「いじめ・嫌がらせ」に関する相談件数が10年間で約2.6倍に増えました（平成21年度：約1,000件　→　平成30年度：約2,600件）。

「主な申し出内容別の件数推移（10年間)」

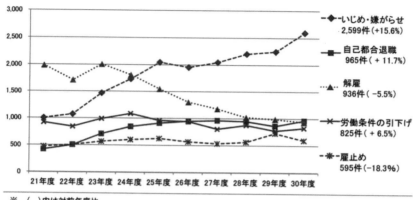

※　（　）内は対前年度比。

※出典：「平成30年度個別労働紛争解決制度の施行状況」 別添資料2 （厚生労働省）

　都道府県労働局における民事上の個別労働紛争相談件数に占める「いじめ・嫌がらせ」の割合も、全相談件数の約4分の1（25.6%）に達しています。

[民事上の個別労働紛争／相談内容別の件数]

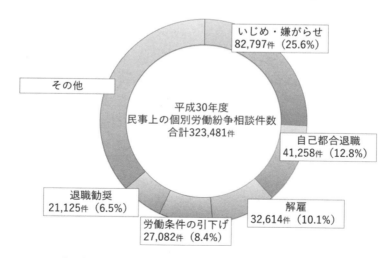

※出典：「平成30年度個別労働紛争解決制度の施行状況」（厚生労働省）を元に作成

　会社の相談窓口においても、パワハラ相談が増えています。従業員から相談の多い上位2テーマをあげたアンケートでは、パワーハラスメントの相談が最も多いというデータがあります。

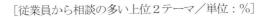

[従業員から相談の多い上位2テーマ／単位：%]

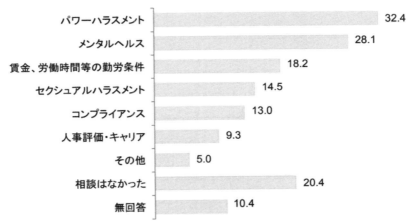

※出典：厚労省「職場のパワーハラスメントに関する実態調査」報告書（2017.3）　図表27

　これらのデータをみれば、事業主がパワハラ対策をすることの重要性が明らかです。

　このような社会の流れを受けて、2019年（令和元年）5月に労働施策総合推進法が改正され、事業主は職場におけるパワーハラスメントに起因する問題に適切に対応するために必要な体制の整備その他の雇用管理上必要な措置を講じなければならないとする規定が新設されました（同法30条の2。2020年（令和2年）6月1日に施行）。

　この規定により、パワハラの定義・要件が法的に明確になりました。

　パワハラの要件は、言動が職場において行われたものであることが前提となりますが、次の3つです。

　①優越的な関係を背景とした言動であること
　②業務上必要かつ相当な範囲を超えたものであること
　③その雇用する労働者の就業環境が害されること

　なお、事業主の雇用管理上の措置義務（労働施策総合推進法30条の2）の解釈指針（ガイドライン）として、「事業主が職場における優越的な関係を背景

とした言動に起因する問題に関して雇用管理上講ずべき措置等についての指針」（令和2年厚生労働省告示第5号）が厚生労働省により告示されています（本書では「パワハラ措置指針」と略します）。

(2) パワハラの6類型

　職場におけるパワーハラスメントの行為類型は、次の6類型に分けられています（パワハラ対策マニュアル※）。

　　※パワハラ対策マニュアル：「パワーハラスメント対策導入マニュアル第3版」（厚生労働省）

6類型	意味等
①身体的な攻撃	暴行・傷害
②精神的な攻撃	脅迫、名誉棄損、侮辱・ひどい暴言（人格攻撃）等
③人間関係からの切り離し	隔離・仲間はずし・無視
④過大な要求	業務上明らかに不要なことや遂行不可能なことの強制、仕事の妨害
⑤過小な要求	業務上の合理性なく、能力や経験とかけ離れた程度の低い仕事を命じることや仕事を与えない
⑥個の侵害	私的なことに過度に立ち入る

　6類型の具体例については、後で説明します。（☞「(4) 裁判例を確認する」）

　実際に起きたパワハラ事例を検討してみると、これら6類型が職場におけるパワーハラスメントのすべてを網羅するものではないということはすぐにわかると思います。どの類型に当てはまるのかよくわからない事例もありますし、複数の類型にまたがる事例もあります。したがって、6類型に当てはまるかどうかでパワハラに該当するかどうかを判断するのではなく、パワハラの要件に該当するかどうかの判断に意を注ぐべきです。

(3) パワハラの要件

①要件 i：優越的な関係を背景とした言動

「優越的な関係を背景とした言動」とは、<u>行為を受ける者が行為者に対して抵抗または拒絶できない蓋然性が高い関係に基づいて行われる言動</u>です（パワハラ措置指針※）。

<small>※パワハラ措置指針：「事業主が職場における優越的な関係を背景とした言動に起因する問題に関して雇用管理上講ずべき措置等についての指針」（令和2年厚生労働省告示第5号）</small>

抵抗・拒絶しにくい関係のもとで行われる言動は、人権侵害（人格権の侵害等）の違法・不法な行為になりやすいため、この要件があります。

「行為を受ける者が行為者に対して抵抗または拒絶できない蓋然性が高い関係」は、<u>上司－部下</u>という業務上の関係が典型例です。

このほかにも、<u>人間関係や専門知識、経験などからくる様々な優位性が含まれる</u>と解されています。抵抗・拒絶しがたい人間関係は、例えば、先輩－後輩の関係や集団－個人の関係などが考えられます。専門知識、経験などからくる優位性の関係としては、同僚または部下が業務上必要な知識・経験を有し、その者の協力を得なければ業務の円滑な遂行を行うことが困難である場合などが考えられます。

このような関係がみられる場合には、同僚同士、部下から上司への言動、非正規社員から正社員への言動も、パワーハラスメントとなりうるといわれています。そのような関係での部下から上司へのハラスメントは、いわゆる「逆パワハラ」ということになります。

［上司－部下の関係以外に職場内の優越的な関係が認められる場合の例］

- ある業務のために必要な専門的知識や経験を有する部下を中途採用した。部下には専門的知識・経験があるため、上司と部下の間には、部下の協力なしには上司が仕事を進めることができない関係ができていた。部下がそれを鼻にかけて上司を馬鹿にし、あえてわかりにくい専門用語で説明して揶揄したり、他の社員がいる前で、上司の能力が低いと大声で指摘して威圧的に叱責するなどを繰り返している。

- スーパーチェーンの本社勤務だった若手正社員が、初めて店舗の食品売り場に配転された。この若手正社員が、経験豊富な食品売り場のパート社員たちに、商品の陳列その他の経験者でないと分からないことを質問したところ、パート社員たちが集団で「上司のあなたが知らないことを私達パー

トが知ってるわけないじゃない。」と言い続けて相手にしなかったために、正社員がストレスを受けて休職してしまった。

- 仕事にやる気を見せない社員を見た同僚が、その社員に対し、集団で、辞職願を出したらどうかと責めたり、「欠格者」「この者とは一緒に勤務したくありません！Ａ課一同」などと記載したポスターをＡ課の出入口付近に張り付けるなどの嫌がらせをしている。

　なお、いわゆるパワハラのほとんどは、上司－部下という業務上の地位からくる優位性の関係の下で行われる言動です。「逆パワハラ」は、部下の側が相当なパワーを有していて、上司の指揮・命令権では対応しきれない例外的な場合のものであると考えておくべきです。部下が上司の指示を無視するといったような場合は、あえてパワハラとしなくても、服務規律違反等の問題にすることができるので、上司が何もできないというわけではありません。

　また、同僚同士で業務上関係のない喧嘩になったような場合は、特に優越的な関係はみられないので、職場におけるパワーハラスメントの要件を欠いています。この場合も、服務規律違反の問題といえます。

　②要件ⅱ：業務上必要かつ相当な範囲を超えたもの

　「業務上必要かつ相当な範囲を超えたもの」とは、<u>社会通念に照らし、当該言動が明らかに業務上の必要性がない、またはその態様が相当でないものであること</u>です（パワハラ措置指針）。

　上司－部下の関係での言動がパワハラに該当するかどうかの判断において主要な争点になる要件です。

　上司の言動が、<u>社会通念に照らし、客観的な業務上の必要性があり、態様としても許容範囲内で相当なものであれば</u>、仮に受け手が不満を感じたとしても、職場におけるパワーハラスメントには該当しません。

［客観的な業務上の必要性が認められない例］

- 上司の自宅の草むしりをさせる
- 繰り返しミスをする部下の頭を叩きながら叱責する

　これらの言動は、上司が主観的に「部下の甘えた心根を直してやるためにやっているのだ」などと考えていたとしても、「客観的」にみて、業務上の必要性が認められません。特に暴力は、部下が横領をしていたというような場合であっても、業務上の必要性は認められないでしょう。

［行為の回数、行為者の数、態様・手段が社会通念に照らして許容される範囲（相当性）を超える場合の例］

- ミスを犯した者の教育として、1か月毎日、反省文作成だけをやらせる。
- 部下を数時間にわたって立たせたまま叱責する。

「業務上必要かつ相当な範囲を超えたもの」という要件は、社会通念、つまり、平均的な労働者の感じ方に照らして判断することになるので、現場で判断に迷うグレーゾーンが生じやすいといえます。

③要件ⅲ：就業環境が害されること

労働者の「就業環境が害される」とは、行為を受けた者が身体的もしくは精神的に圧力を加えられ負担と感じること、または行為を受けた者の職場環境が不快なものとなったため、能力の発揮に重大な悪影響が生じる等、当該労働者が就業する上で看過できない程度の支障が生じることです（パワハラ措置指針）。

その判断は、「平均的な労働者の感じ方」を基準とすることが適当であるとされており、そう考えるしかないでしょう。

例えば、部下が以前にも注意した単純ミスを繰り返したため、「前にも注意したじゃないか。しっかりしてくれよ。」と強く叱責したのに対し、部下が「こんな叱られ方、親にもされたことがありません。パワハラです。」と主張したとします。しかし、このケースでは、平均的な労働者の感じ方からすれば、「就業する上で看過できない程度の支障」が生じているとまではいえず、部下が主観的にパワハラだと感じているに過ぎないと評価せざるを得ない場合がほとんどでしょう。

「就業環境が害されること」という要件も、平均的な労働者の感じ方で判断するしかないことから、現場での判断に迷うグレーゾーンが生じやすいといえます。

(4) 裁判例を確認する

①身体的な攻撃

身体的な攻撃（暴行・傷害）には客観的な業務上の必要性が認められず、優越的な関係を背景としていればパワハラに該当することに争いはありません。殴打したり足蹴りするというような直接的な行動だけでなく、ごみ箱などの物を相手に向かって投げつけるのも暴行です。

裁判例では、長距離トラックの運送業の会社で、正当な理由なく帰社が遅れ

たドライバーに腹を立てた社長が、頭頂部と前髪を刈って落ち武者風の髪形にしたうえ、洗車用スポンジで頭部を洗髪し、最終的に丸刈りにしたという、身体的な攻撃型の事例があります。この事例では、他にも悪質な「いじめ」型のパワハラが行われており、110万円の損害賠償（慰謝料100万円＋弁護士費用10万円）が認められています（福岡地判平30.9.14・大島産業事件）。

［コラム2：不法行為の裁判が認める「弁護士費用」］

　不法行為に基づく損害賠償を命じる判決では、一般に、裁判所が認める損害額の10%程度を、弁護士費用にあたる損害として賠償額に上乗せしています。上の裁判例だと、慰謝料（精神的苦痛に対する損害賠償）を100万円と認めたので、その10%にあたる10万円を弁護士費用にあたる損害と認定し、合計110万円の損害賠償を命じています。

　実際に原告が弁護士に支払う弁護士費用（弁護士報酬）は、例えば、着手金が経済的利益の8%、報酬金が経済的利益の16%というように算定するので、判決よりも高額になるのが一般です（各弁護士の報酬基準により異なります）。

　10%というのは、あくまでも裁判所が認める最低額に過ぎません。

　2019年（令和元年）に、近畿地方の小学校で、複数の教員が後輩である被害教員に対して、激しい「いじめ」（パワハラ）をしたと報道されました。このケースでは、次のようなハラスメント言動が報告されています。

- 日常的に「カス」「くず」「消えろ」などと言う（精神的な攻撃）
- ドレッシングを飲むよう要求したり、激辛ラーメンを食べさせる（過大な要求）
- 激辛カレーを唇や目の下に塗り付ける、ジャンプして体当たりする、プロレス技をかける（身体的な攻撃）

　合計105項目にわたる、教育者というかそもそも大人のすることとは思えない激しい「いじめ」があったそうです。

　このように、悪ふざけが過ぎた「いじめ」型のパワハラは、身体的な攻撃、精神的な攻撃、人間関係からの切り離し、過大な要求、個の侵害など、様々な類型のハラスメントが複合して行われるのが特徴です。

　そして、悪質な「いじめ」型のハラスメントを上長が黙認する場合は、行為者が懲戒処分の対象となるだけでなく、上長も管理責任を問われ、懲戒処分等の対象となります（報道によると、加害教員4名のうち、2名が懲戒免職、1名が停職3か月、1名が減給10分の1とされたそうです。そのうえ

で、上長だった前校長が停職3か月、校長が減給10分の1、元校長が戒告とされたとのことです。なお、このケースは公務員の処分事例であり、民間の事業者にそのまま当てはまるわけではありません。）。

②精神的な攻撃

　精神的な攻撃（脅迫・名誉棄損・侮辱・ひどい暴言）は、パワハラの中心的な類型です。

　パワハラ措置指針は、以下の例をあげています。以下の例に該当する行為を優越的な関係を背景として行えば（要件ⅰを満たせば）、違法なパワハラに該当します。

[**精神的な攻撃に該当する例**]

1. 人格を否定するような言動を行う。

　「新入社員以下だ」「なんでわからない。お前は馬鹿だ」「役立たず」「給料泥棒」「死ね」等

2. 相手の性的指向・性自認に関する侮辱的な言動を行う。

　　☞「性的指向」とは、恋愛感情または性的感情の対象となる性別についての指向のことであり、「性自認」とは、自己の性別についての認識のことです。

3. 業務の遂行に関する必要以上に長時間にわたる厳しい叱責を行う。

4. 他の労働者の面前における大声での威圧的な叱責を繰り返し行う。

5. 相手の能力を否定し、罵倒するような内容の電子メール等を当該相手を含む複数の労働者宛てに繰り返し送信する。

　1. や2. のように人格否定や人格にかかわる侮辱的な言動を行う場合は、客観的な業務上の必要性がないか、または態様が相当とはいえず（要件ⅱをみたす）、就業環境も害されている（要件ⅲをみたす）といえることが多いでしょう。

　3. から5. の言動は、受け手の落ち度を注意・指導する場面で出てくることが多いので、客観的な業務上の必要性は認められると思います。しかし、「必要以上に長時間」だったり、他の労働者の面前で「さらし者」的に叱責したり、威圧的な言動を「繰り返し」行うような場合には、注意・指導としての許容範囲を超え社会通念上の相当性を欠いた言動であり（要件ⅱをみたす）、就業環境も害される（要件ⅲをみたす）といえるでしょう。

　参考までに、判例で不法行為と判断された言動をあげておきます。

［判例で不法行為と判断された言動］

- 就職1年目の者に対し、「その仕事ぶりじゃぁ、お前の給料じゃ釣り合わないな。」「お前の仕事ぶりをご両親に報告してやろうか。」などとしつこく言った（広島高裁松江支判平27.3.18・公立八鹿病院組合ほか事件）。受け手は、長時間労働もあり、うつ病を発症して自殺してしまった。

- プロジェクトの期限が迫っている状況で、ミスを繰り返す部下を何度も強く注意・指導し、次第に「新入社員以下だね。それじゃ。もう任せられないよ。」「なんでわからないの、ほんと、馬鹿だね。」などと発言するようになった（東京高判平27.1.28・サントリーホールディングスほか事件）。

  上司が「決壊点」を超えてパワハラに至った事案であり、受け手は、うつ状態になって休職し、障害等級2級と認定されるほどになった。（☞［コラム22：あってはならない状況の例］）

- ミスをした新人に対し、他の同僚が周りにいる状況で、「何でできないんだよ。」「同じことを言わせるなよ。」「何で手順通りにやらないんだよ。」などと何度も怒鳴りつけ、重大なミスをすると、「馬鹿野郎」「帰れ」などと怒鳴った（仙台高判平26.6.27・岡山県貨物運送事件）。受け手は入社後6か月で自殺した。（☞［コラム35：受け手が若手の場合］）

- 仕事が遅く動きが悪いと評価する部下に対し、同僚にも聞こえる場で、「君は主任失格だ。」「お前なんかいてもいなくても同じだ。」等と継続的に叱責した（名古屋高判平19.10.31・名古屋南労基署長（中部電力）事件）。

  受け手は、長時間労働もあり、うつ病に罹患し、自殺した。

- 仕事でミスをすると、所長が、「てめえ、何やってんだ。」と言ったり、頭を叩いたり蹴ったりし、ミスによって会社に損害が発生すると「弁償してもらうから。弁償できないなら、家族に弁償してもらうしかないわな。」と言い、「会社を辞めようと思っても、辞めたいんなら7,000万円払えよな。払わないと辞めさせないから。」などと言った（名古屋地判平26.1.15・メイコウアドヴァンス事件）。

  身体的な攻撃・精神的な攻撃・過大な要求の複合型のパワハラ。受け手は自殺した。

- 病気療養から職場復帰したばかりの従業員がミスを繰り返すので、「も

うええかげんにせえ、ほんま。辞めてしまえ。」「一生懸命しようとして
も一緒だよ。同じことを何回も何回も。」「足引っ張るんなら、おらんほ
うがええ。」と言った。また、勤務経験に見合うだけの仕事ができない
ことに対して、「今まで何回もだまされたよ。アホじゃないのかね。普
通じゃないよ。」と言うなどした(岡山地判平24.4.19・トマト銀行事件)。
受け手の精神的苦痛以上の被害はなかったようだが、慰謝料100万円が
認められた。

● 指示した業務遂行方法を部下 V1 が行っていないことを知った上司 D
が、V1 に対し、「俺の言うことを聞かないということは懲戒に値する」
と叱責し、始末書を提出させて「今後、このようなことがあった場合に
は、どのような処分を受けても一切異議はございません。」と書かせた。
このほかにも、D は、部下数人と一緒に昼食に出かけた際に、部下 V2
に対し、「こいつの奥さんは、よくこんな奴と結婚したな。物好きもい
るもんだな。」と発言した（東京地判平22.7.27・日本ファンド（パワハ
ラ）事件）。
D には、このほかにも、他の従業員に対して、さらし者的な叱責をした
り手当なしの残業・休日出勤を強いるなどが常態化する「暴君型」のパ
ワハラをしていたという背景事情があった。
V1 や V2 が D と会社に対して損害賠償を請求して提訴した。判決は、
D の部下に対する言動は、社会通念上許される業務上の指導を超えるも
のであり不法行為に該当すると判断した。そのうえで、V1 については、
D がこのほかにも侮辱的な言葉をかけたり嫌がらせをしていたために心
療内科で抑うつ状態の診断を受けて1か月間休職するに至ったこともあ
り、約95万円（休業損害約35万円＋慰謝料60万円）の損害賠償を命
じた。V2 については、D の言動は悪質なパワハラとまではいえず、精
神的苦痛以上の被害もなかったためか、慰謝料10万円の損害賠償を命
じた。

　判例の事案をみると、精神的な攻撃がパワハラに該当するかどうかの判断
においては、<u>人格攻撃（人格否定）</u>・<u>威圧（恐怖感を抱かせる）</u>・<u>侮辱
（名誉感情をいたずらに害する）</u>が、キーワードになると思います。
　キーワードにあたるような言動は、<u>注意・指導としての許容範囲を超えて
おり社会通念上の相当性を欠く</u>ので不法行為を構成する（違法なパワハラに

該当する）と判断される可能性が高いといえます。こういった言動が「繰り返し」とか「見せしめ的（さらし者的）」に行われた場合は、悪質なパワハラと判断される（高額の損害賠償額が認められたり、重い懲戒処分が許容される）ことが多いといえるでしょう。

　なお、相手を注意・指導する内容の電子メールを、相手だけでなく同僚のメールアドレスも CC に入れて送信するのは、相手を「さらし者」にし、名誉感情をいたずらに害する行為ですから、するべきではありません。注意・指導する客観的な必要性が認められるとしても、本人に対して行えば十分なはずですから、CC メールで同僚に「さらし者」にするような態様で注意・指導すると、メールの内容や反復・継続の程度によっては、社会通念上相当とはいいがたく（許容範囲内とはいえず）、違法・不法なパワハラであると判断されます。（☞［コラム3：CC メールによるハラスメントを違法とした判例]）

［コラム3：CCメールによるハラスメントを違法とした判例］

東京高判平25.6.5

（事案の概要）

大学の研究室において、D教授とE准教授が、V准教授に対し、ミスに端を発する叱責にとどまらず、極めて厳しい記述で非難するメールを、研究室の者をCCに入れて送信し、V准教授が反省する旨のメールを返信したにもかかわらず、更に執拗に叱責する内容のメールを送信し続けた。

退職したV准教授が、D教授とE准教授に対して損害賠償を請求して提訴した。

（判決の概要）

原審（東京地裁）は請求を棄却したが、東京高裁は、D教授らの言動を不法行為と認めて、慰謝料20万円の支払を命じた。

東京高判平17.4.20

（事案の概要）

所長が、課長代理Vについて、業務に対する熱意が感じられず、課長代理の立場に見合う実績をあげておらず、他の従業員の不満の原因となっていると考えていたことから、「意欲がない。やる気がないなら、会社を辞めるべきだと思います。」「会社にとっても損失そのものです。あなたの給料で業務職が何人雇えると思いますか。」「これ以上、SCに迷惑をかけないでください。」などと記載したメールを送信したが、そのメールは、Vと同じユニットの従業員十数名にも送信されていた。

Vが、所長に対して損賠賠償を請求して提訴した。

（判決について）

判決は、所長の言動はVの名誉感情をいたずらに棄損するものであるとして、メールの送信目的が正当なものであったとしても、その表現において許容限度を超え、著しく相当性を欠き、不法行為を構成するとして、所長に対し5万円の慰謝料支払いを命じました。

［コラム4：慰謝料が低額なら問題ない？］

コラム3（CCメール）のようなパワハラは、違法性が強いといえず、判決になっても5万円から30万円程度の慰謝料しか認められないことがほとんどだと思います。

このほかに、派遣先の正社員が派遣労働者に対し、自分の指示通りに作業をしないため叱責して「殺すぞ。」と述べた。／ミスを咎めて「殺すぞ。」と述べた。／体調不良で仕事を休むと仮病でパチンコに行ったとの疑いをかけた。／部下の所有車両について「塩酸をこうチョロ、チョロ、チョロと」「この車ムカつくわー。…かち割ったろか。」と述べた。／などの言動があった事案（大阪高判平25.10.9・アークレイファクトリー事件）も、判決が認めた損害賠償額は33万円（慰謝料30万円＋弁護士費用3万円）でした（会社は使用者責任により行為者と連帯責任）。この判決は、正社員の言動は社会通念上著しく相当性を欠きパワーハラスメントと評価することができるといわざるを得ないとして、正社員による一連の言動を包括して不法行為が成立するとしたのですが、同時に、正社員には強い害意や常時嫌がらせの指向があるというわけではなく、言動としても受け止めや個人的な感覚によっては単なる軽口として聞き流すことも不可能ではないとして、慰謝料額を30万円と認定しています。

このように、訴訟をしても賠償額が高額にならないと予想される事例では、訴訟沙汰にまではならないことが多いと思います。訴訟に労力をかけても慰謝料はそれほど取れず、職場での立場も悪くなるかもしれない…と考えた被害者の多くは泣き寝入りするのです。しかし、これらのパワハラ言動は、程度はともかく違法行為（不法行為）ですし、就業環境を悪化させる行為であることも間違いありません。訴訟沙汰にならないのも、被害者が泣き寝入りしているだけ。行為者にとっては「運がよかった」だけです。

このように、労働の実務では、裁判になれば「違法」と判断されるだろうと思われる行為が、咎められることなく行われていることがあります。「出るところに出れば違法行為とされる可能性が高いですよ。」とアドバイスしても、「今まで問題になったことはないのに。」などと反論されることもあります。

しかし、わずかではありますが、提訴する被害者がいることも確かです。被害者が会社も被告にして提訴すれば、会社まで巻き込んだ訴訟になります。しかも、被害者は「お金の問題じゃない。」と考えていることが多く、その場合は、訴訟中の和解協議がまとまらず、判決までいく可能性が高くなります。第一審の民事訴訟が判決に至るまでの平均審理期間は、労働関係の場合、14.5か月だそうです（2018年の裁判所発表データ）。

しかも、「お金の問題じゃない」だけに、判決が出ても当事者が納得できず、上訴することが多いため、更に審理期間は長くなります。労働関係訴訟の上訴率は65.8％と、通常訴訟全体の上訴率（20.2％）をはるかに上回ります。

こういうことを考えると、いき過ぎた叱責のリスクは大きいといえます。

［精神的な攻撃に該当しないと考えられる例］

パワハラ措置指針は、以下の例をあげています。

1. 遅刻など社会的ルールを欠いた言動がみられ、再三注意してもそれが改善されない労働者に対して、一定程度強く注意をする。
2. その企業の業務の内容や性質等に照らして重大な問題行動を行った労働者に対して、一定程度強く注意をする。

これらの例は、グレーゾーンの言動ということができます。

この他に、次のような例が考えられます。

● 書類作成上のミスを頻発する職員に対し、書類審査担当の上司が、ミスのたびに、「前も注意したよね。ちゃんと見直してる？」「マニュアルを読んでいればこんなミスが起きるはずないでしょう。」「マニュアルを読んで、時間かかってもいいからやってください。」などと強く注意することが続いている。
　　☞注意する客観的な必要性が認められるし、発言内容も人格攻撃などがなく、社会通念上の相当性の範囲内にある（許容範囲内にある）といえます。
　　☞ただし、受け手が新卒採用後間もない者であったり、傷病休職からの復帰後間もない者であるというように、叱責への耐性が低いような場合には、他の従業員に対するのと同じような厳しい言動でも、受け手のメンタルに不調をきたしてしまう場合があることには注意が必要です。（☞第4章3「受け手の状況への配慮の必要性」）
　　☞「ネチネチ指導」、「正論攻撃」といえる言動を長期間にわたって繰り返していると、一部の者はメンタルに不調をきたし、うつ病に罹患してしまう場合もあることにも、注意が必要です。（☞［コラム25：グレーゾーンの指導が不幸な結果を招いた事例2]）

なお、部下の態度が悪いため、キレて大声を出してしまったというような事例では、そのような言動を繰り返さなければ、違法・不法なパワハラには該当しないとされることがあります。（☞［コラム5：感情的に声を荒げた叱責でも要件ⅱを満たさず不法行為を構成しないとした判例]）

もっとも、グレーゾーンの言動ですし、受け手がショックを受けている場合もあるので、冷静になったら直ちに謝罪することが望ましいといえます。

［コラム5：感情的に声を荒げた叱責でも要件ⅱを満たさず不法行為を構成しないとした判例］

大津地判平30.5.24（関西ケーズデンキ事件）

　上司が一時的に感情的になって声を荒げてしまった事案で、部下の側にも上司の厳しい叱責を招くような原因行動があったことなどから、上司の言動は、前述P.24 要件ⅱ（業務上必要かつ相当な範囲を超えたもの）を欠くという趣旨の判断をした判例です。

　（事案の概要）

　家電販売店で、店長が、何度も業務上の不適切な処理を繰り返した販売員を注意をしたところ、十分な反省が見られず、「売ってるからいいやん。」と反論された。このため店長が、一時的に感情を抑制できずに声を荒げて叱責した（店長自身が「あんなキレ方、僕はしませんよ。今まで。」という程の激しい叱責だった）。

　（判決について）

　店長の言動について、判決は、叱責の内容自体が根拠のない不合理なものであったというわけでもないし、これ以外に大声での叱責が反復継続して繰り返されたとか、他の従業員の面前で見せしめとして行われていたなどの事情がないことをあげて、パワハラの一環であったと評価することはできないと判断しています。

　店長の言動は、グレーゾーンの言動といえますが、この判決の理由に照らして考えると、大声の叱責が「反復継続」して繰り返されたり、他の従業員の面前で「見せしめ」的に厳しい叱責が行われる場合は、部下が反抗的であるなど、厳しく叱責する客観的な必要性が認められる場合であっても、行為態様が社会通念上の相当性を欠き、違法・不法なパワハラと判断される可能性が高いといえます。

[コラム6：不法行為を構成するとしたものの低額の慰謝料とした判例]

広島高裁松江支判平21.5.22（三洋電機コンシューマエレクトロニクス事件）

　厳しい叱責をする客観的な必要性が認められるとしても、やりすぎはいけません。感情を抑制できずにキレてしまうと、人格攻撃・威迫・侮辱の発言（「バカ」「新入社員以下だな。」「役立たず。」など）が出てしまうことがあります。そうすると、前述P.24要件ⅱ・P.25要件ⅲを満たしてパワハラに該当すると評価されることが多いでしょう。

（事案の概要）

　同僚を中傷したり、会社の役員に対して脅迫的言辞を用いて会社の施策を妨害・中止させようとした従業員Zに対し、課長が注意・指導のため面談した。ところが、Zがふて腐れて横を向くなどの不遜な態度をとり続けた。このため、課長が感情的になって大きな声を出して「いいかげんにしてくれ。本当に。会社が必死になって詰めようとしていることを何であんたが妨害するんだ。そうやって。裁判所でもどこでも行ってみい。」「あなたは自分のやったことに対して、まったく反省の色もない。微塵もないじゃないですか。会社としては、あなたのやった行為に対して、何らかの処分をせざるを得ない」「何が監督署だ、何が裁判所だ、自分がやっていることを隠しておいて、何が裁判所だ。とぼけんなよ、本当に、俺は、絶対許さんぞ。」などと発言した。

（判決について）

　判決は、課長が大きな声を出しZの人間性を否定するかのような不相当な表現を用いて叱責した点については、注意・指導として社会通念上許容される範囲を超えており、不法行為を構成すると判断しました（要件ⅱ・要件ⅲを満たす）。

　本件は、課長に同情できる部分もあり、大声は出しているものの、発言内容は、著しく侮辱したり激しい人格攻撃を加えてるものでもないので、ブラックの中でもグレーに近い言動だと思います。しかも、この事案では、叱責されたZが、課長に黙って会話を録音していました。課長は、煽られて、はめられてしまったようにも思えます。

　判例もこの点を指摘して、慰謝料の額は「相当低額で足りる」として、10万円と判断しました。

　違法性の程度が低く慰謝料が低額であるものの、それでも違法な言動ですから、訴訟になれば慰謝料が認められるのです。

パワハラ措置指針では、その企業の業務の内容や性質等に照らして重大な問題行動を行った労働者に対して一定程度強く注意をする場合は、精神的な攻撃に該当しないとされていますが、これに関しては、例えば、危険作業を行う現場や医療の現場など、生命・健康に直結する現場における注意・指導は、厳しい言い方になるのもやむを得ないといえるでしょう。

　例えば、東京地判平21.10.15（医療法人財団健和会事件）の判決は、医療機関における注意・指導について、次のように指摘しています。

　（判決の指摘）一般に医療事故は単純ミスがその原因の大きな部分を占めることは顕著な事実である。そのため、上司が、部下を責任ある常勤スタッフとして育てるため、単純ミスを繰り返す部下に対して、時には厳しい指摘・指導や物言いをしたことが窺われるが、それは生命・健康を預かる職場の管理職が医療現場において当然になすべき業務上の指示の範囲内にとどまるものであり、到底違法ということはできない。

　また、危険作業に関しては、安全帯を固定せずに高所作業をしている部下に対し、「馬鹿野郎、死にてぇのかっ！」と怒鳴る場合が考えられます。このような言動が人格攻撃・侮辱・威迫を伴って繰り返されるようだと社会通念上の相当性を欠く違法・不法なパワハラに該当すると判断されるでしょうが、一度だけの発言で違法・不法なパワハラと判断される可能性は低いでしょう。もちろん、きつい言い方になってしまったことを詫びるべきですし、怒号を浴びせた理由をきちんと説明しておくべきです。

[コラム7：不正経理を継続していた者に対する厳しい叱責が不法行為を構成しないとした判例]

高松高判平21.4.23（前田道路事件）

　危険作業や医療の場に限らず、当該企業の業務内容等に照らして、重大な問題行動を厳しく叱責することが許容される場合はあります。

（事案の概要）

　営業所長Xが部下に命じて架空出来高の計上等の不正経理をしていたことが発覚し、上司（部長）が是正を指示した。ところが、是正指示にもかかわらず、Xが不正経理を漫然と続けたことから、部長がXに対し「去年もやっていて注意をしたのに、何をやっているんだ」などと叱責し、毎日日報を書いて報告することを指導したうえ、「現時点ですでに1,800万円の過剰計上の操作をしているのに過剰計上が解消できるのか。できるわけがなかろうが。」「会社を辞めれば済むと思っているかもしれないが、辞めても楽にはならないぞ。」などと叱責した（叱責した期間は、是正指示に従っていないことが発覚してから約1か月半）。

（判決について）

　判決は、部長の言動は、上司のなすべき正当な業務の範囲内にあり、社会通念上許容される業務上の指導の範囲を超えた執拗な叱責に該当するとは認められず、不法行為を構成しないと判断しました。

　この事例におけるXの行動は、当該企業の業務の内容や性質等に照らして重大な問題行動といえるでしょう。ですから、高裁判決の判断は妥当なものだと思います。ただ、Xは、約1か月半にわたる部長の厳しい注意・指導を受け、営業所で自殺してしまったのです。遺書には、「怒られるのも、言い訳するのも、つかれました。自分の能力のなさに呆れました。…（部下に）力のない上司で申し訳ない。」等と記載されていました。

　会社内の状況を知りようもない遺族がこの遺書を読んだら、上司と会社を訴えたとしても非難できないでしょう。遺族は、Xは執拗な叱責等による心理的負荷を受けてうつ病を発症・悪化させて自殺に至ったのだと主張して、部長と会社を被告として損害賠償請求訴訟を提起しました。

　これに対して、高裁判決は、上司の言動は不法行為を構成しないと判断して、遺族の請求を棄却したわけです。

　この判決が著しく不当とはいえないと思います。しかし、「正論攻撃」にさらされた者のうち一定割合の者は、Xのように、うつ状態になって自殺を選択してしまいます。「ひどいミスをしたんだから叱責されるのは当然。」「嫌なら直せばいい。」という上司の気持ちもわからなくはないのですが、正論攻撃に追い詰められて自殺に至ってしまう者がいるという事実があることは知っておいてください。

本件は、自殺した従業員、遺族、そして訴訟を提起される上司と会社、皆が不幸なケースといえます。このようなケースを知れば、「グレーゾーン」対応の必要性を強調する理由を理解していただけると思います。受け手の側に大きな落ち度があり、上司の言動が違法・不法なパワハラとは言えないとしても、会社としては放置すべきでないという状況はあるのです。

　　なお、本件は、原審（松山地判平 20.7.1）と高裁の判断が分かれています。原審は、架空出来高解消の指導と叱責は、過剰なノルマ達成の強要・執拗な叱責であり不法行為を構成し、会社の安全配慮義務違反も認められる等として、合計約 3,100 万円の損害賠償を命じていました。

　　ハラスメントの裁判例は下級審と上訴審で判断が分かれることが比較的多いのですが、本件もその典型例といえます。裁判所の判断が分かれるくらいですから、本件はブラックに近いグレーゾーンの事案と考えるべきです。

　　本件のような事態を上長が認識した場合は、職場としてあってはならない状況にあると判断して、迅速に相応の措置を講ずるべきです。なお、グレーゾーン対応については後述します。（☞ 第3章の4「グレーゾーン対応の全体像」と5「グレーゾーンにどのように対応するか」）

③人間関係からの切り離し

　　人間関係からの切り離し（隔離・仲間外し・無視）は、精神的な攻撃と一緒に行われることがほとんどです。

　　パワハラ措置指針は、以下の例をあげています。以下の例に該当する行為を優越的な関係を背景として行えば（要件 i を満たせば）、違法なパワハラに該当します。

［人間関係からの切り離しに該当する例］

1. 自身の意に沿わない労働者に対して、仕事を外し、長期間にわたり、別室に隔離したり、自宅研修させたりする。

2. 一人の労働者に対して同僚が集団で無視をし、職場で孤立させる。

この他にも、次のような例が考えられます。

● 先輩の現場監督が後輩から間違った指示を指摘されたことを逆恨みして、後輩が挨拶しても無視、段取りを聞いても無視、現場で指示を仰いでも無視し続ける。

　　終業後にだけ無視し続けるような場合は、職場における「ブラックな」パワーハラスメントとはいえないことが多いと思いますが、業務中に上記の行為を行えば、「ブラックな」なパワハラといえるでしょう。

●上司が特定の労働者だけを飲み会や食事会に誘わないことをあからさまに繰り返す。

　この言動は、1回か2回程度では、社会通念上の相当性を欠く（要件ⅱ）とか、就業環境が害される（要件ⅲ）というのは難しいといえます。しかし、受け手にもわかるような形で繰り返し行われた場合は、要件ⅱ・要件ⅲをみたすパワハラとみることができるでしょう。実際の事案では、他にも嫌がらせや孤立化させる言動が行われているはずですから、一連の言動が違法・不法なパワハラの一環と評価されることになると思います。

　パワハラ措置指針は、人間関係からの切り離しには該当しない場合として、以下の例をあげています。

[人間関係からの切り離しに該当しないと考えられる例]
1. 新規に採用した労働者を育成するために、短期間集中的に別室で研修等の教育を実施する。
2. 懲戒規定に基づき処分を受けた労働者に対し、通常の業務に復帰させるために、その前に、一時的に別室で必要な研修を受けさせる。

[コラム8：5日間にわたり会議室で社内規程類を精読させた行為について不法行為を構成しないとした判例]

広島高裁松江支判平21.5.22（三洋電機コンシューマエレクトロニクス事件）

（事案の概要）

　有期契約社員Ｚが、パワハラによる不法行為の損害賠償等を主張して、上司と会社を被告として提訴した事案。

　Ｚは、女子ロッカールーム内で「Ａさんは以前会社のお金を何億も使い込んで、それで今の職に飛ばされたんだで。」と同僚のＡを中傷する発言をした。更に、取締役に対し「準社員や社員の中には、人事担当者をドスで刺すという発言をしている人がいる。」などの脅迫的言辞を用いて、会社の施策を妨害・中止させようとした。そこで、以下の処置が行われた。

- ●Ｚに対し、契約更新の際に、「懲戒事由に該当する行為が見受けられた場合は、…譴責以上の懲戒処分を下す。当該事由の程度によって判断するが、即時懲戒解雇も有り得る。」等と記載した覚書に署名押印を求めた。
- ●Ｚが出向する直前の待機期間中に、通常の業務がないことから、部長が、次の職場でも上記のような問題行動を起こさないために、就業規則等の社内規程類の理解を促そうと考えて、Ｚに対し、社内規程類を精読するように指示し、5日間にわたり会議室で社内規程類を精読させた。

（判決について）

　原審（鳥取地判平20.3.31）は、会社と部長の処置について不法行為が成立するとして、部長と会社に対して慰謝料300万円の支払を命ずる判決を出したのですが、高裁は、以下の理由をあげて、部長の行為も会社の行為も不法行為を構成しないとして、原判決を取り消しました。

- ●会社が覚書に署名押印を求めたことについては、その必要性が認められ、記載内容も必ずしも不当であるとはいえない。
- ●部長の行為については、懲罰の意図あるいは退職を促す意図に基づくものとまでは認め難く、社会通念に照らして相当な措置であった。

　なお、ハラスメント関連の訴訟では、本件のように、原審と上訴審の判断が分かれることが比較的多いという特徴があります。

　また、本件では、上記言動の他に［コラム6：不法行為を構成するとしたものの低額の慰謝料とした判例］に記載した課長の言動もあり、課長の言動については不法行為責任が認められています。

　パワハラ事案の中には、いわゆる問題社員に対応している際にした上司の言動がパワハラに当たると主張される場合があります。本件もそれに近い事案であるようにも思えます。本件は、労働の現場における避けがたいリスクが表面化してしまったケースということができるでしょう（問題社員リスクについては後述します。（☞ 第3章 6 (6)「気をつけても避けられない軋轢」）

④過大な要求

　過大な要求（業務上明らかに不要なことや遂行不可能なことの強制・仕事の妨害）は、精神的な攻撃と一緒に行われることがほとんどです。ブラック企業型のパワハラといえますが、「いじめ」的なパワハラも多くみられます。

　パワハラ措置指針は、以下の例をあげています。以下の例に該当する行為を優越的な関係を背景として行えば（要件ⅰを満たせば）、違法なパワハラに該当します。

[過大な要求に該当する例]

1. 長期間にわたる、肉体的苦痛を伴う過酷な環境下での勤務に直接関係のない作業を命ずる。
2. 新卒採用者に対し、必要な教育を行わないまま到底対応できないレベルの業績目標を課し、達成できなかったことに対し厳しく叱責する。
3. 業務とは関係のない私的な雑用の処理を強制的に行わせる。

この他にも、次のような例が考えられます。

- 社員旅行への参加を強要する。

- 先輩現場監督が、後輩に対し、到底終わるはずのない量の仕事を押し付けて、自分は先に帰ることを繰り返す。

- 先輩が、入社したばかりの若手に対し、「今日中に仕事を片付けておけ」と命じて手助けをしないため、若手が昼休みも十分に休めず、夜遅くまで残業して仕事する日が続いているが、所長は特に対応しない。
　この例は津地判平21.2.19（日本土建事件）の言動ですが、上司は、このほかにも、若手が入社してから2か月間で、「お前みたいのが入ってくるで、部長がリストラになるんや！」と理不尽な言葉を投げつけたり（精神的な攻撃）、測量用の針のついたボールを投げつけて足にけがをさせたりしていました（身体的な攻撃）。判決は、入社して2か月間、上司から極めて不当な肉体的身体的苦痛を与えられ続ける過酷な職場環境に置かれており、このような扱いは指導、教育から明らかに逸脱していたとして、会社の安全配慮義務違反を認め、会社に対し、慰謝料等として150万円の賠償を命じました。

- 本人の希望や具体的な業務の必要性を考慮せず、十分な指導を行わないまま、過去に経験のない業務に配転し、些細なミスを厳しく叱責したり、退職を勧めたりする。

会社買収後の合理化（人員削減）の一環として、このようなハラスメントが行われた事例があります。パワハラが争点になったわけではありませんが、東京地決平 13.8.10（エース損害保険事件）は、勤続 27 年の労働者に対して退職を要求したうえで、長期の自宅待機を命じ、更に普通解雇しました。いわば会社ぐるみのパワハラ事例であり、判決は、解雇は解雇権の濫用であり無効としました。

- 販売目標未達成の罰ゲームを行うことを決め、会社の研修会の日に、用意していたコスチュームから、ピンク色を黒で縁取りしたウサギの耳の形のカチューシャ、上半身は白い襦袢の上に紫の小袖と光沢のある青色の肩衣、下半身は光沢のある黄色の袴というコスチュームを選ばせて、研修会では終日着用してもらい、発表もしてもらった。
  大分地判平 25.2.20（カネボウ化粧品販売事件）の事案です。ハラスメント行為者（課長・主任ら）も受け手もともに女性でした。判決は、上司の行為はコスチューム着用の目的はレクリエーションや盛り上げ策であり、目的そのものは妥当性が認められるものの、採用された手段が社会通念上正当な職務行為であるとはいえず、受け手に心理的負荷を負わせる不法行為であるとして、会社の使用者責任も認めて、連帯して 22 万円（慰謝料 20 万円＋弁護士費用 2 万円）の支払いを命じました。
  このパワハラは、「悪ふざけ型」といえるケースで、慰謝料額からみて、言動の違法性の程度が強いとはいえないですし、こういったハラスメントの多くは、被害者は泣き寝入りすることが多いでしょう。しかし、今まで訴えられたことがないから許される行為だというわけではなく、違法行為が運よく放置されてきたというだけのことです。本件のケースでも、罰ゲーム対象者は 4 名でしたが、訴訟提起したのは 1 名だけでした。多くの人が泣き寝入りするものの、訴訟提起まで踏み切る者がいれば、違法行為と認定されることになるのです。
  なお、本件は、社内処分としては、行為者のうち課長が減給処分と降格、主任が転勤となり、行為者の上長である支店長は減給処分と転勤になっています。

- 入社当初からミスが複数回みられた部下がさらにミスをして客に迷惑をかけたため、その反省会をした。その際に、ビールを勧めたのに対し、部下がアルコール耐性が弱く風邪気味でもあったために断ったところ、

「少しぐらいなら大丈夫だろ」「俺の酒は飲めないのか」などと語気を荒げ、執拗に飲酒を要求した。

いわゆる「アルコールハラスメント」の事例です。東京高判平 25.2.27（ザ・ウィンザーホテルズインターナショナル事件）では、全体の飲酒量は、ビールをコップ1杯程度だったようです。受け手は気分が悪くなって嘔吐し、その後、有給休暇取得や欠勤をくり返し、精神神経科も受診するようになってしまいました。他にも上司による暴言（部下が休暇申請していたことを聞かされずに打合せをいれた上司が出社を要求したところ拒否されたので、留守番電話に「出ろよ。ちぇっ、ちぇっ。ぶっ殺すぞ、お前」「お前、辞めていいよ。辞めろ。辞表を出せ、ぶっ殺すぞ、お前」等と録音した）があったこともあり、判決は、一連の言動を不法行為と認めて、上司に 150 万円の慰謝料の支払いを命じました（会社は使用者責任による連帯責任）。

パワハラ措置指針は、過大な要求には該当しない場合として、以下の例をあげています。

［過大な要求に該当しないと考えられる例］

1. 労働者を育成するために現状よりも少し高いレベルの業務を任せる。
2. 業務の繁忙期に、業務上の必要性から、当該業務の担当者に通常時よりも一定程度多い業務の処理を任せる。

ほかにも、次のような例が考えられます。

- 部下に至急の業務を命令した上司が、自らは進捗を確認することなく、部下から進捗を報告しなかった旨を責めるメールを送信して帰宅した。

過大な要求にあたるかどうかは、優越的関係にある者の言動が、業務上必要かつ相当な範囲を超えたものであるか（要件ⅱ）、当該労働者が就業する上で看過できない程度の支障が生じたといえるか（要件ⅲ）についての判断の問題なので、グレーゾーンが多い類型といえます。そして、グレーゾーンは、放置していると違法なパワハラに発展する可能性があるので注意が必要です。

例えば、1. の言動でも、結果が出なかった場合に、その理由の検討や指導をすることなく、結果だけをとらえて厳しい叱責を繰り返せば、要件ⅱと要件ⅲを満たす精神的な攻撃のパワハラになるでしょう。

⑤過小な要求

過小な要求（業務上の合理性なく能力や経験とかけ離れた程度の低い仕事

を命じることや仕事を与えないこと）も、過大な要求同様に、グレーゾーンが多い類型であるといえます。

　パワハラ措置指針は、以下の例をあげています。以下の例に該当する行為を優越的な関係を背景として行えば（要件iを満たせば）、違法なパワハラに該当します。

［**過小な要求に該当する例**］
1. 管理職である労働者を退職させるため、誰でも遂行可能な受付業務を行わせる。
2. 気にいらない労働者に対して嫌がらせのために仕事を与えない。

　ほかにも、次のような例が考えられます。
- 内部通報した社員を新入職員と同じ職務に配置転換する。
- 事務職なのに倉庫業務だけを命じられる。
- 妊婦が、医師から一定の負荷のかかる業務は避けるように指導を受けたので、軽易な業務への転換を求めたところ、単純作業ばかりをさせるようになった。
  個の言動は、マタハラ（妊娠に関する措置の利用を申し出たことに対するハラスメント）でもあります。

　これらの例は、そもそも客観的な業務上の必要性が認められなかったり、業務上の必要性が認められるとしても、処置として社会通念上相当とはいいがたいものであり（要件ii）、当該労働者の就業環境も害している（要件iii）といえるでしょう。

　これに対し、パワハラ措置指針は、過小な要求には該当しない場合として、以下の例をあげています。

［**過小な要求に該当しない例**］
- 労働者の能力に応じて、一定程度業務内容や業務量を軽減する。

　ただ、このケースは、受け手の側が自分の能力に対する会社の評価を納得しない場合には、パワハラや人事権の濫用である等と主張して訴訟に発展してしまうことがあります。

　この問題については後述します。（☞ 第3章6(6)「気をつけても避けられない軋轢」）

　このほかにも、次の例が過小な要求に該当しない場合と考えられます。
- 経営上の理由により、一時的に、能力に見合わない簡易な業務に就かせ

たり、管理職を権限のない役職に降格する。

このケースも、受け手が納得せず訴訟にまで発展してしまうことがあります。

なお、実際には受け手を退職に追い込む手段として行われる場合があり、その場合は、社会通念上相当とはいえず、労働者の就業環境も害するといえるので、違法なパワハラや人事権の濫用と評価されることになるでしょう。

⑥個の侵害

個の侵害（私的なことに過度に立ち入ること）は、少々、特殊なケースです。パワハラ措置指針は、以下の例をあげています。以下の例に該当する行為を優越的な関係を背景として行えば（要件ⅰを満たせば）、パワハラに該当します。

［個の侵害に該当する例］

1. 労働者を職場外でも継続的に監視したり、私物の写真撮影をしたりする。

2. 労働者の性的指向・性自認や病歴、不妊治療等の機微な個人情報について、当該労働者の了解を得ずに他の労働者に暴露する。

このほかに、以下の例が考えられます。

● 学歴や容姿に言及しつつ、執拗に笑い者にする。
　この言動は、精神的な攻撃ともいえます。

● リフレッシュ休暇取得後間もない時期に年次有給休暇取得の申請をしたことに対して、「なんのためにそんなに休むの？休みに何をするの？」「そんなに休むと、上は必要ない人間だと言うんじゃないか。」などの発言をし、休暇申請取下げに至らしめる。
　有給休暇は個人の事情で申請して構いませんから、この言動は個の侵害といえますが、過大な要求ともいえます。
　なお、有給休暇は労働者の請求する時季に与えなければならず（労働基準法39条5項）、また、労働者は年休を自由に利用でき、その取得理由を明らかにする必要はないとされているので、上の言動は労基法違反でもあります。

［コラム9：個の侵害の裁判例］

最判平7.9.5（関西電力事件）

1. の「労働者を職場外でも継続的に監視したり、私物の写真撮影をしたりする」は、なんでそんなことするのだろうと思われるかもしれませんが、もとになった裁判例（最判平7.9.5・関西電力事件）の状況が特殊なのです。

この事例は、被害者が特定の政党の党員またはその同調者であるとして、勤務先が、1. に記載した行動をしたり、被害者が極左分子であるなどとその思想を非難して、被害者との接触、交際をしないように他の従業員に働きかけるなどしたというものです。個の侵害のほか、精神的な攻撃、人間関係からの切り離しの要素もみられます。

判決は、人間関係からの切離しといえる行為は被害者が職場における自由な人間関係を形成する自由を不当に侵害するものであり、個の侵害といえる行為はプライバシーを侵害し人格的利益を侵害するものであるとして、いずれも不法行為を構成すると判断しました。

　パワハラ措置指針は、過小な要求には該当しない場合として、以下の例をあげています。

［個の侵害に該当しない例］

1. 労働者への配慮を目的として、社員の家族の状況等についてヒアリングを行う。

　　例えば、小学生未満の子がいる社員の業務分担や時間外労働への配慮をしたいと考えて、社員の家族の状況等について質問するような場合は、客観的な業務上の必要性と社会通念上の相当性を認めることができるでしょう。

　　しかし、小学生の子がいることを聞くや、興味本位で、「中学入試するの？どの中学？」「塾は、どこに行くの？」「お金大丈夫？」などとしつこく聞き、受け手が抗議してもやめないような場合は、その態様が社会通念上相当でなく労働者の就業環境も害するとして、違法なパワハラと評価される可能性が高くなるでしょう。

2. 労働者の了解を得て、当該労働者の性的指向・性自認や病歴、不妊治療等の機微な個人情報について、必要な範囲で人事労務部門の担当者に伝達し、配慮を促す。

［コラム 10：いじめ型のパワハラの裁判例］

　いじめ型のパワハラは、人間関係が閉鎖的な職場で多くみられ、「身体的な攻撃」や「精神的な攻撃」、「人間関係からの切り離し」、「過大な要求」、「個の侵害」などが同時並行的に行われています。閉鎖的な職場での「いじめ」は、ときに凄惨ともいえる態様になります。

さいたま地判平 16.9.24（誠昇会北本共済病院事件）

（事案の概要）

　先輩 D が後輩 V に対し、3 年近くにわたって、以下の言動をした。

　遠方まで名物の柏餅を買いに行かせる。／肩もみさせる。／家の掃除をさせる。／車の洗車をさせる。／長男の世話をさせる。／風俗店に送迎させる。／開店前のパチンコ屋での順番待ちをさせる。／馬券を購入しに行かせる。／ウーロン茶 1 缶を 3,000 円で買わせる。／後輩のスマホを勝手に操作して後輩の交際相手に後輩になりすましてメールを送信する。／後輩の交際相手がアルバイトをしているカラオケ店に行き、交際相手の前で後輩を揶揄する発言をする。／後輩が仕事でミスをすると「バカ田。何やっているんだよ。お前がだめだから俺が苦労するんだよ。」などと発言する。／何かあると「死ねよ。」という。／叩く。／など。

　このような言動を 3 年近く受けた V は自宅で自殺した。

　遺族が、先輩 D と病院に対し、損害賠償を請求して提訴した。

　（判決について）

　判決は、先輩 D に対して 1,000 万円の損害賠償を命じるなどしていますが、この判決が平成 16 年のものであることを考慮すると、現在であれば、死亡による慰謝料だけでも 2,000 万円、その他の損害を加えると数千万円の損害賠償が認められる可能性があると思います。

　本件は、男性労働者が少数という閉鎖的な職場環境で発生しました。

東京高判平 15.3.25（川崎市水道局（いじめ自殺）事件）

（事案の概要）

　内気な部下 V に対し、聞こえよがしに、「何であんなのがここに来たんだよ」「何であんなのが A の評価なんだよ」などと言ったり、仲間と下ネタで盛り上がっている際に「もっとスケベな話にも乗ってこいよ。」と言い、仲間に「こいつを経験のために風俗に連れて行ってやってくれよ。」と言った。また、V を「むくみ麻原」「ハルマゲドンが来た」などと言って嘲笑した。その他にも嘲笑、侮辱的発言多数。

　V はいじめ被害を訴えたが、パワハラをした上司らが、被害者の被害妄想であると口裏合わせを工作し、上長も、V が欠勤してしまったことから、事情聴取を実施しないまま、いじめの事実はないと判断してしまった。

　V は自殺未遂をし、精神疾患により複数回入院して、自宅で自殺した。

遺族が市に対して損害賠償請求をして提訴した。

（判決について）

判決は、市の安全配慮義務違反によりVの自殺を招いたとして、市の賠償責任を認めました。なお、損害額は約7,400万円と認定しましたが、被害者の資質または心因的要因も加わって自殺に至ったとして、7割減額した約2,130万円と弁護士費用220万円の支払いを市に命じました。

福岡地判平30.9.14（大島産業事件）

（事案の概要）

社長以下、職場ぐるみといえる悪質な「いじめ」事案。

長距離トラックの運送業の会社で、正当な理由なく帰社が遅れたドライバーVに腹を立てた社長（事実上の代表取締役）が、Vの頭頂部と前髪を刈って落ち武者風の髪形にしたうえ、洗車用スポンジで頭部を洗髪し、最終的に丸刈りにした。しかも、他の従業員がVを下着姿にして洗車用の高圧洗浄機を至近距離から噴射し、洗車用ブラシで身体を洗い、社長はこれを制止しなかった。

別の機会に、社長がVに対し、下着一枚になって裏の川に入るように命じた。そして、他の従業員に対し、当てたら賞金を与えるとしてVに向けてロケット花火を発射するように命じて発射させ、逃げ出したVに対して石を投げさせた。このほかにも精神的な攻撃型のパワハラが複数あり。

退職したVが社長と会社らに対し、損害賠償を請求して提訴した（他に会社に対して未払残業代請求をした）。

（判決について）

判決は、パワハラについては、社長らの行為は暴行および人格権を侵害する不法行為であるとして、社長と会社に対し、110万円（慰謝料100万円＋弁護士費用10万円）の支払いを命じました。

なお、未払残業代請求については、会社に対し約900万円の支払いを命じました。過大な要求型のパワハラの要素もあったといえそうです。

（5）注意・指導とパワハラ

パワハラの多くが上司－部下の関係で発生することは周知のとおりですので、上司による注意・指導とパワハラの問題について考えてみます。

上司が部下を注意・指導する場合は、部下がパワハラだと感じればパワハラになるわけではありません。注意・指導をする客観的な業務上の必要性があり、態様も社会通念上相当なものであれば（許容範囲内であれば）、厳しい言動（叱責等）により不満を感じる者がいても、「職場におけるパワーハラスメント」にはあたりません。

　注意・指導が「職場におけるブラックなパワーハラスメント」となるために
は、それなり高さのハードルを越える必要があるのです。

　例えば、得意先との重要なアポに遅刻した部下に対し、上司が「何やってる
んだ」と叱責することは、通常は、業務上の必要性・社会通念上の相当性が認
められ、「職場におけるブラックなパワーハラスメント」には該当しないといえ
ます。

　組織においては、上司は、自らの職位・職能に応じて権限を発揮し、部下に
対して業務上の指揮監督や教育指導を行い、上司としての役割を遂行すること
が求められます。この上司の役割が遂行できなくなると、組織は組織としての
体をなさなくなってしまいます。ですから、上司がパワハラを過剰に気にした
り、パワハラで糾弾されることを恐れて、部下に対する指示や注意・指導を放
棄してしまうことがあってはなりません。また、パワハラ対策が、上司の適切
な指示、注意・指導に対して部下が「パワハラだ」と抵抗する拠り所となって
しまうのも、職場として健全な状態とはいえません。

　したがって、職場におけるパワハラ対策を講じるにあたっては、管理職だけ
でなく一般の従業員もパワーハラスメントについて正しく理解し、パワハラと
なるためにはそれなりのハードルがあるのだということについて、職場で共通
の認識をもつことが望ましいといえます。すなわち、上司の注意・指導は、客
観的な理由があり、社会通念上相当な範囲の内容であれば、それが叱責であっ
ても、職場におけるパワーハラスメントにはあたらないということを職場の共
通理解にしたいところです。

　パワハラ措置指針も、「業務上必要かつ相当な範囲で行われる適正な業務指
示や指導については、職場におけるパワーハラスメントには該当せず、労働者
が、こうした適正な業務指示や指導を踏まえて真摯に業務を遂行する意識を持
つことも重要である」と説明しています。パワハラ対策マニュアルにも、職場
のパワーハラスメント対策は、上司の適正な指導を妨げるものではないという
ことには留意しなければならない旨の記述があります。

　もっとも、経営者や管理職がこれらの記述に飛びついて、パワハラの理解を
おろそかにして一般の従業員に接するとしたら、それは間違いを招きます。「パ
ワハラの指針にも、適正な業務指示や指導は、職場におけるパワーハラスメン
トには該当しないと書いてあるぞ。お前がミスしてるんだから適正に指導して
るんだよ。お前が悪いんじゃないか。俺の何が悪いんだよ。」などと上が言い始
めたら、それこそパワハラになってしまいかねません。

部下にミスがあったとしても、「お前みたいなのと仕事したくないよ」「仕事しなくていいよ。もう帰れ」「小学生でも間違えないよ」などと人格攻撃や名誉感情をいたずらに害するような言い方を繰り返すと「職場におけるパワーハラスメント」になります。部下の認識が甘いからといって必要以上に長時間にわたる叱責をしたり、一罰百戒のつもりで同僚の前でさらし者的に叱責するのも、「職場におけるパワーハラスメント」になる可能性が高いといえます。

　なお、注意が必要なのは、職場におけるブラックなパワーハラスメントに該当しなければ何の問題もないというわけではないということです。くれぐれも、パワハラとなるのには相応の高さのハードルがあるということを、上司の側の言い訳に利用しないでください。

　既に説明しましたが、グレーゾーンの言動を放置することは、違法なハラスメントに発展してしまったり、職場の就業環境を害したり、一部の労働者のメンタルヘルスを害することにつながってしまうという大きなリスクを抱えることになります。

　管理職として注意していただきたいのは、職場におけるパワーハラスメントについての理解を深めるとともに、違法とはいえない言動であっても、就業環境を害しかねない言動というのはあるのだという意識をもって、自らの言動を自己検証していただきたいということです。

　グレーゾーンへの対応については、後述します。(☞ 第3章5「グレーゾーンにどのように対応するか」)

2　セクシュアルハラスメント

> **男女雇用機会均等法**
>
> （職場における性的な言動に起因する問題に関する雇用管理上の措置）
> 11条　事業主は、職場において行われる性的な言動に対するその雇用する労働者の対応により当該労働者がその労働条件につき不利益を受け、又は当該性的な言動により当該労働者の就業環境が害されることのないよう、当該労働者からの相談に応じ、適切に対応するために必要な体制の整備その他の雇用管理上必要な措置を講じなければならない。

（1）意義

　「職場におけるセクシュアルハラスメント」（セクハラ）とは、職場において行われる性的な言動に対するその雇用する労働者の対応により当該労働者がその労働条件につき不利益を受け、または当該性的な言動により当該労働者の就業環境が害されることであるとされています。

　職場におけるセクシュアルハラスメントについては、事業主は、これに起因する問題に適切に対応するために必要な体制の整備その他の雇用管理上必要な措置を講じなければならないとされています（男女雇用機会均等法 11 条）。

　なお、男女雇用機会均等法 11 条の雇用管理上の措置義務の解釈指針（ガイドライン）として、「事業主が職場における性的言動に起因する問題に関して雇用管理上講ずべき措置についての指針」（平成 18 年厚生労働省告示第 615 号）が厚生労働省により告示されています（本書では「セクハラ措置指針」と略すことにします）。

（2）要件

　セクハラの要件である「性的な言動」は、性的な内容の発言及び性的な行動です。

　「性的な内容の発言」には、性的な事実関係を尋ねることや性的な内容の情報を意図的に流布すること等も含まれるとされています（セクハラ措置指針）。

　「性的な行動」には、性的な関係を強要すること、必要なく身体に触ること、わいせつな図画を配布すること等が含まれるとされています（セクハラ措置指針）。

　セクハラにおいては、「職場における」性的な言動であるといえるかどうかが問題になることがあります。職場外における言動、例えば、同じ会社の従業員が同棲していて、自宅で不愉快な性的言動をしたような場合は、「職場における」セクシュアルハラスメントにはあたりません。会社としては、従業員間の個人的な問題として、原則として関与するべきではありません。

（3）2 類型

　セクハラは、次の 2 類型に分けて考えられています（セクハラ措置指針※）。

※セクハラ措置指針:「事業主が職場における性的な言動に起因する問題に関して雇用管理上講ずべき措置についての指針」（厚生労働省）

①対価型セクシュアルハラスメント

職場において行われる労働者の意に反する性的な言動に対する労働者の対応（拒否や抵抗）により、当該労働者が解雇、降格、減給等の不利益を受けること

②環境型セクシュアルハラスメント

職場において行われる労働者の意に反する性的な言動により労働者の就業環境が不快なものとなったため、能力の発揮に重大な悪影響が生じる等当該労働者が就業する上で看過できない程度の支障が生じること

対価型セクシュアルハラスメントは、それをすることのリスクが高いことは周知されていますから、かつてよりも減ってきたと思われます。ただ、対価型に該当する場合は、わかりやすい悪質なセクハラであるといえますし、今や周囲の目も厳しくレピュテーションリスクも大きいですから、管理職がそれを把握した場合には、管理職レベルでいつまでも対応すべき問題ではなく、人事等のしかるべき部署に相談して、会社として迅速に被害者救済・行為者処分などの対応をすべき重大事案と捉えるべきです。

（4）環境型セクシュアルハラスメント

環境型セクシュアルハラスメントは、職場において行われる労働者の意に反する性的な言動により労働者の就業環境が不快なものとなったため、当該労働者の就業環境が害されることであるとされています。

労働者の「就業環境が害される」とは、能力の発揮に重大な悪影響が生じる等、当該労働者が就業する上で看過できない程度の支障が生じることであるとされています（厚労省セクハラ・マタハラ等パンフ※）。

※厚労省セクハラ・マタハラ等パンフ：「職場におけるセクシュアルハラスメント対策や妊娠・出産・育児休業・介護休業等に関するハラスメント対策は事業主の義務です！！」（厚生労働省 2018.10）

「就業環境が害される」かの判断は、女性労働者が受け手であれば「平均的な女性労働者の感じ方」、男性労働者が受け手であれば「平均的な男性労働者の感じ方」を基準とすることが適当であるとされています（同）。

したがって、「あれ？髪型を変えたの？似合うね」と言われたが、あの人には言われたくないので不愉快だという、個人的な感じ方のレベルでは、職場におけるブラックなセクシュアルハラスメントには該当しません。

つまり、職場におけるブラックなセクシュアルハラスメントといえるためには、それなりの高さのハードルを越える必要があります。

　なお、「平均的」な労働者で考えるということは、社会通念に照らして考えるということとほぼ同じですから、パワハラの場合と同様に、グレーゾーンを生みやすい類型であるといえます。

　環境型セクシュアルハラスメントの状況は多様ですが、典型的な例として、次のものがあげられます。

［環境型セクシュアルハラスメントの該当例］

1. 事務所内において、上司が労働者の腰、胸等に度々触ったため、当該労働者が苦痛に感じてその就業意欲が低下している。

2. 労働者が抗議をしているにもかかわらず、事務所内にヌードポスターを掲示しているため、当該労働者が苦痛に感じて業務に専念できない。

　環境型の性的言動により「就業環境を害する」、すなわち「当該労働者が就業する上で看過できない程度の支障が生じる」といえるかどうかについては、次のように考えられています。

［「当該労働者が就業する上で看過できない程度の支障」が生じたといえるかどうかの考え方］

- 意に反する身体的接触によって強い精神的苦痛を被る態様の場合には、1回でも「就業環境を害する」と判断しうる。

　　［例］

　　事務所内において上司が労働者に抱きついてキスをしたため、当該労働者が強い精神的苦痛を感じている。

- それ以外の場合は、継続性または繰り返しを要する。

　　［例］

　　①上司が労働者を侮辱する内容の性的発言を頻繁に繰り返したため、当該労働者が苦痛に感じて退職を考えている。

　　②同僚が取引先において労働者に係る性的な内容の情報を意図的かつ継続的に流布したため、当該労働者が苦痛に感じて仕事が手につかない。

- ただし、受け手が明確に抗議しているような場合は、「継続」や「繰返し」がなくても、「就業環境を害する」と判断し得る。

　　［例］

　　①労働者が抗議をしているにもかかわらず、当該労働者に関する不適切な性的発言をしたため、当該労働者が苦痛に感じて業務に専念できない。

②労働者が抗議をしているにもかかわらず、事務所内にヌードポスターを掲示しているため、当該労働者が苦痛に感じて業務に専念できない。

　身体的接触について、どの程度の接触ならダメなのかという質問を受けることがあります。「肩をポンと叩くのはダメなのか?」などです。行為の際の状況もあるので断定はできませんが、おおざっぱに言うなら、「電車の中でアウトなことは職場でもするべきではない。」といえます。電車の中で見知らぬ人の腰を掌で触ったり髪を撫でつけたりしたら、状況によっては迷惑防止条例違反等で逮捕ということもありえるのでアウトでしょう。しかし、肩をポンと触る程度ではそこまでいかないことがほとんどでしょう(落とし物をした人に声をかけたらイヤホンで音楽を聴いていて気付かないので肩をポンポンと叩くという状況など)。

　なお、環境型のセクハラは、意図的に行われる場合(辱めてやろう,貶めてやろう,ばかにしてやろう等の加害の意図を持って行われる場合)だけでなく、行為者が無自覚である場合(意図的でない)場合もあります。このため、管理職として行為者に注意・指導等をする際は、行為者が問題点を意識できるように行う配慮が求められます(無自覚な行為者に頭ごなしに注意すると、行為者が受けいれることができず、問題が複雑化してしまうことがある)。

　また、環境型は「グレーゾーン」の場合も多いので、グレーゾーン対応が必要になります。グレーゾーンの対応については、後述します。(☞ 第3章5「グレーゾーンにどのように対応するか」)

(5) ジェンダーハラスメント

　「ジュエンダーハラスメント」という語が用いられることがあります。これは、「男らしさ」「女らしさ」という固定的な性差概念(ジェンダー)に基づく性差別、ハラスメントです。

　たとえば、「男なんだから根性みせろよ。お客様が女性には任せられないというから、男である君に任せたんだぞ。」という発言や、(「いま手が離せないので」と上司の依頼を断ったところ)「頼むよ。女の子はね、こういうときに気持ちよくやってくれると、いいなーってなるんだよ」といった発言が、ジェンダーハラスメントに該当する発言といえます。

　ジェンダーハラスメントは、セクシュアルハラスメントの一態様であるといえます。ただ、その多くが、「職場におけるブラックなセクシュアルハラスメン

54

ト」であるかどうかの判断に迷う「グレーゾーン」にあり、行為者に悪意がないことも多いタイプのハラスメントです。

　ただ、ジェンダーは、セクハラや妊娠・出産・育児休業等に関するハラスメントの背景となる考え方であるということができます。ですから、ジェンダーに基づく言動を放置すると、職場におけるブラックなセクシュアルハラスメントや職場におけるブラックな妊娠・出産・育児休業等に関するハラスメントに発展する可能性があるといえます。例えば、上司が女性部下を「女の子」扱いして見下すことが常態化して、女性を侮辱するような性的言動におよぶ場合がありえますし（セクハラ）、男性の育児に関する否定的な発言が繰り返されるために男性労働者が育休取得を断念せざるを得なくなる場合もあるでしょう（育児休業に関するハラスメント＝パタニティハラスメント）。

　従って、ジェンダーに関する言動は、適切なグレーゾーン対応をするべきといえます。セクハラ措置指針にも、職場におけるセクシュアルハラスメントの発生の原因や背景には、性別役割分担意識に基づく言動もあると考えられるから、こうしたグレーゾーンにある言動をなくしていくことが重要であるという趣旨の記述があります。

　なお、グレーゾーン対応については、後述します。（☞ 第3章5「グレーゾーンにどのように対応するか」）

(6) LGBTに関するハラスメント

　「LGBT」とは、レズビアン（女性の同性愛者）、ゲイ（男性の同性愛者）、バイセクシャル（両性愛者）、トランスジェンダー（身体・戸籍上の性別と性自認とが一致しない者）などの性的マイノリティを総称する用語です。LGBTは、性的指向や性自認についてのマイノリティを総称する用語といえます。

　なお、「性的指向」とは、恋愛感情または性的感情の対象となる性別についての指向です。性自認とは、自己の性別についての認識です。

　ヨーロッパでは多くの国が同性婚を認めており、2019年6月には台湾がアジアで初めて同性婚を認める法改正をしたそうです。我が国では、現時点ではLGBTのパートナー関係を婚姻関係と同等に扱う法規定はありませんが、市区町村では、一定の要件を満たす同性カップルについて、公営住宅への入居や医療機関における面会や医療同意、職場における家族手当・慶弔休暇等についての待遇改善を認める動きがあります。

　我が国のLGBT層の比率は8.9%に達しているという調査結果もあり（電通

ダイバーシティ・ラボ「LGBT調査2018」）、LGBTの問題は事業者にとって重要な問題になっているといえますし、ダイバーシティ経営※の視点からみても、LGBTは積極的に取り組むべき課題であるといえます。

※ダイバーシティ経営：多様な属性の違いを活かし、個々の人材の能力を最大限引き出すことにより、付加価値を生み出し続ける企業を目指して、全社的かつ継続的に進めていく経営上の取組み

LGBTへの差別は、セクハラやパワハラにつながるといえます。このため、セクハラ措置指針には、被害者の「性的指向または性自認にかかわらず、当該者に対する職場におけるセクシュアルハラスメントも、本指針の対象となるものである」と明記されています。パワハラ対策マニュアルでも、性的指向や性自認についての不理解を背景として、「人間関係からの切り離し」などのパワーハラスメントにつながることがあるから、性的指向や性自認についての理解を増進することが重要であると解説されています。

[コラム11：性同一性障害の職員のトイレ利用制限を違法と判断した判例]

東京地判令1.12.12

（事案の概要）

Aは、トランスジェンダー（生物学的な性別は男性だが自認している性別は女性）として性同一性障害の診断を受けているが、性別適合手術や性同一性障害者特例法による性別の取扱いの変更の審判を受けておらず、戸籍上の性別も男性である国家公務員Aが、2009年（平成21年）に性同一性障害であることを勤務先（経済産業省）に伝え、2010年（平成22年）に職場の説明会で説明し、女性職員として働く希望を述べた。その後、Aは女性の身なりで勤務するようになった。ここで、経産省は、執務室のある階から2階以上離れた階の女性用トイレの使用のみを認める処遇をした。

Aは、女性用トイレの使用制限を設けないこと等の行政措置を人事院に求めたが、認めない旨の決定だったため、当該決定は違法である旨を主張して、行政措置要求判定取消請求や国家賠償請求をして提訴した。

（判決について）

東京地判R1.12.12は、経産省によるトイレ使用に関する処遇について、Aが特に執務室のある階の女性用トイレを使用した場合にトラブルが発生する可能性が高いことをうかがわせる事情を認めるに足りる証拠はないことや、女性の身なりで勤務するXが男性用トイレを使用することは、むしろ現実的なトラブル発生の原因となること等をあげて、2014年（平成26年）にAがトイレ利用の制限撤廃を求めたにもかかわらず経産省がトイレに係る処遇を続けたことは違法であるとしました。そして、これにより長期間にわたって個人がその自認する性別に即した社会生活を送るという重要な法的利益等を違法に制約されるなどして多

大な精神的苦痛を被ったとして、132万円（慰謝料120万円＋弁護士用12万円）の国家賠償を認めました。

　Aは性同一性障害の診断を受けているものの、性別適合手術や性同一性障害者特例法による性別の取扱いの変更の審判を受けておらず、戸籍上の性別も男性であったので、経産省も判断に困ったのではないかと思われます。しかし、Aが2010年から女性の身なりで仕事を続け、執務室のある階から離れた階の女性用トイレを使用することで問題が生じていなかったこと、Aがトイレ使用制限の撤廃を求めてから相当の期間が経過しているという事情の下での判決として、妥当なものだと思います。

3　職場における妊娠・出産・育児休業等に関するハラスメント

男女雇用機会均等法

（職場における性的な言動に起因する問題に関する雇用管理上の措置）

　11条　事業主は、職場において行われる性的な言動に対するその雇用する労働者の対応により当該労働者がその労働条件につき不利益を受け、又は当該性的な言動により当該労働者の就業環境が害されることのないよう、当該労働者からの相談に応じ、適切に対応するために必要な体制の整備その他の雇用管理上必要な措置を講じなければならない。

育児・介護休業法

（職場における育児休業等に関する言動に起因する問題に関する雇用管理上の措置）

　25条　事業主は、職場において行われるその雇用する労働者に対する育児休業、介護休業その他の子の養育又は家族の介護に関する厚生労働省令で定める制度又は措置の利用に関する言動により当該労働者の就業環境が害されることのないよう、当該労働者からの相談に応じ、適切に対応するために必要な体制の整備その他の雇用管理上必要な措置を講じなければならない。

（1）意義

　「職場における妊娠・出産・育児休業等に関するハラスメント」とは、職場において行われる、妊娠・出産したことや妊娠・出産・育児・介護等に関する制度・措置の利用に関する上司・同僚からの言動により、当該労働者の就業環

境が害されることであるとされています。

　いわゆるマタニティハラスメント（マタハラ）、パタニティハラスメント（パタハラ）、ケアハラスメント（ケアハラ）などがこれに該当します。

　職場における妊娠・出産・育児休業等に関するハラスメントについては、事業主は、これに起因する問題に適切に対応するために必要な体制の整備その他の雇用管理上必要な措置を講じなければならないとされています（男女雇用機会均等法11条の2、育児・介護休業法25条）。

　なお、この雇用管理上の措置義務の解釈指針（ガイドライン）、厚生労働省により次の2つの指針が告示されています。

- 「事業主が職場における妊娠、出産等に関する言動に起因する問題に関して雇用管理上講ずべき措置についての指針（平成28年厚生労働省告示第312号）」（本書では「マタハラ措置指針」と略称します）

- 「子の養育又は家族の介護を行い、又は行うこととなる労働者の職業生活と家庭生活との両立が図られるようにするために事業主が講ずべき措置に関する指針（平成21年厚生労働省告示第509号）」（本書では「育介指針」と略称します）。

（2）2類型
　職場における妊娠・出産・育児休業等に関するハラスメントは、次の2類型に分けることができるとされています（厚労省セクハラ・マタハラ等パンフ※）。
※厚労省セクハラ・マタハラ等パンフ：「職場におけるセクシュアルハラスメント対策や妊娠・出産・育児休業・介護休業等に関するハラスメント対策は事業主の義務です！！」（厚生労働省2018.10）
　①制度等の利用への嫌がらせ型
　　労働者による男女雇用機会均等法が対象とする制度・措置または育児・介護休業法が対象とする制度・措置の利用に関する言動により、就業環境が害されるもの
　②状態への嫌がらせ型
　　女性労働者の妊娠または出産に関する事由に関する言動により、就業環境が害されるもの。

（3）制度等の利用への嫌がらせ型の対象となる「制度等」
　「制度等の利用への嫌がらせ型」の対象となる「制度等」には、男女雇用機

58

会均等法が対象とする制度等と育児・介護休業法が対象とする制度等があります。参考までに、以下に表にして掲載しておきます。

［男女雇用機会均等法が対象とする制度または措置（同法施行規則2条の3）］

①	妊娠中及び出産後の健康管理に関する措置（母性健康管理措置-同法12条，13条） ・妊産婦が保健指導または健康診査を受診するために必要な時間を確保することができるようにしなければならない（12条） ・妊娠中及び出産後の女性労働者が健康診査等を受け、医師等から指導を受けた場合は、その女性労働者が受けた指導を守ることができるようにするために、勤務時間の変更、勤務の軽減等必要な措置を講じなければならない（13条）
②	・妊娠中の女性等の坑内業務の就業制限（労基法64条の2第1号） ・妊産婦（妊娠中の女性および産後1年を経過しない女性）の母性機能に有害な業務（重量物を取り扱う業務、有害ガスを発散する場所における業務その他妊産婦の妊娠・出産・哺育などに有害な業務）への就業制限（64条の3第1項）
③	産前休業・産後休業（労基法65条1項・2項）
④	妊娠中の女性の軽易な業務への転換（労基法65条3項）
⑤	妊産婦の時間外労働・休日労働・深夜業の制限（労基法66条2項3項）、変形労働時間制がとられる場合における妊産婦の法定労働時間を超える労働の制限（労基法66条1項）
⑥	1歳未満の生児を育てる女性の育児時間（労基法67条）（1日2回少なくとも30分ずつ）

※男女雇用機会均等法による制度または措置を利用できるのは女性労働者であるから、男女雇用機会均等法による制度等の利用への嫌がらせの対象となるのは、女性労働者である。

［育児・介護休業法が対象とする制度または措置（同法施行規則 76 条）］

①	育児休業（同法 5 条）
②	介護休業（同法 11 条）
③	小学校就学前の子を養育する労働者の、子の看護休暇（同法 16 条の 2）
④	介護休暇（同法 16 条の 5）
⑤	3 歳未満の子を養育する労働者及び要介護状態にある家族を介護する労働者の、所定外労働の制限（同法 16 条の 8・16 条の 9）
⑥	小学校就学前の子を養育する労働者および要介護状態にある家族を介護する労働者の、月 24 時間、年 150 時間を超える時間外労働の制限（同法 17 条・18 条）
⑦	小学校就学前の子を養育する労働者および要介護状態にある家族を介護する労働者の、深夜業の制限（同法 19 条・20 条）
⑧	3 歳未満の子を養育し育児休業をしていない労働者の、育児のための所定労働時間の短縮措置（法 23 条 1 項）
⑨	一定の要件を満たす 3 歳未満の子を養育する労働者の、始業時刻変更等の措置（法 23 条 2 項）
⑩	要介護状態にある家族を介護し介護休業をしていない労働者の、介護のための所定労働時間の短縮等の措置（法 23 条 3 項）

※育児・介護休業法による制度または措置は男性労働者も利用できるから、育児・介護休業法による制度等の利用への嫌がらせ型の対象となるのは、男女労働者である。

(4) 状態への嫌がらせ型の対象となる事由

　状態への嫌がらせ型の対象となる「妊娠又は出産に関する事由」（状態）は、次の事由です（男女雇用機会均等法施行規則 2 条の 3）。

［妊娠又は出産に関する事由（男女雇用機会均等法施行規則 2 条の 3）］

①	妊娠したこと
②	出産したこと
③	妊産婦の坑内業務の就業制限／危険有害業務の就業制限の規定により業務に就くことができないこと／これらの業務に従事しなかったこと（労基法 64 条の 2 第 1 号、64 条の 3 第 1 項等）
④	産後の就業制限の規定により就業できないこと／産後の就業制限の規定による休業をしたこと（労基法 65 条 1 項・2 項）
⑤	妊娠又は出産に起因する症状により労務の提供ができないこと若しくはできなかったこと又は労働能率が低下したこと（同法施行規則 2 条の 3　第 9 号） ※「妊娠又は出産に起因する症状」とは、つわり、妊娠悪阻、切迫流産、出産後の回復不全等、妊娠又は出産をしたことに起因して妊産婦に生じる症状をいう。

※状態への嫌がらせの対象となるのは、女性労働者である。

(5) 就業環境が害される

　職場における妊娠・出産・育児休業等に関するハラスメントは、上司や同僚による言動が「就業環境を害する」ものであることが必要です。この要件は、パワハラや環境型セクハラと同じです。

　「就業環境を害する」とは、<u>客観的にみて（一般的な労働者の見地から見て）、受け手の労働者が就業をする上で看過できない程度の支障が生じていること</u>であるとされています。

　おおざっぱにいうと、上司が、労働者が育児・介護に関する制度や措置を利用する前にその利用を邪魔するような言動をしたり、解雇その他の不利益な取扱いを示唆したら、パワハラ的な行為ですから、一発アウトです。しかし、労働者が制度や措置を利用した後に、上司が嫌がらせなどをする場合は、繰り返しまたは継続的に行わないと「就業環境が害される」とはいえないとされています。

　同僚がハラスメントをする場合は、上司とは異なりパワハラ的要素がないため、繰り返しまたは継続的に行わないと「就業環境が害される」とはいえないとされています。

　具体的な例については、指針（マタハラ措置指針と育介指針）に記述されていますが、長いので、参考として下記に記載しておきます。

［参考：就業環境が害されるといえる場合の例］

1. 制度等の利用への嫌がらせ型の場合

　制度等の利用に関する上司や同僚の言動が「就業環境を害する」といえる場合の典型的な例として、次の①〜③があげられる（①〜③は限定列挙ではなく、これ以外にも「就業環境を害する」といえる場合はありうる。マタハラ措置指針・育介指針）。

　①上司が解雇その他不利益な取扱いを示唆するもの

　　労働者が、制度または措置（制度等）の申出・利用をしたい旨を上司に相談したこと、制度等の利用の申出等をしたこと、または制度等の利用をしたことにより、上司が当該労働者に対し、解雇その他不利益な取扱いを示唆すること。

　　不利益な取扱の示唆に関する上司の言動は、1回でも就業をする上で看過できない程度の支障が生じ、「就業環境が害される」といえる。

　［就業環境が害されるといえる例］
　●産前休業の取得を上司に相談したところ、「休みを取るなら辞めてもらう」

と言われた。
- 時間外労働の免除について上司に相談したところ、「次の査定の際は昇進しないと思え」と言われた。

②制度等の利用の申出等または制度等の利用を阻害するもの

　　（イ）～（ニ）は、客観的にみて、言動を受けた労働者の制度等の利用の申出等または制度等の利用が阻害されるから、「就業環境が害される」といえる。

　　（イ）労働者が制度等の申出等をしたい旨を上司に相談したところ、上司が当該労働者に対し、当該申出等をしないよう言うこと。
　　　　［就業環境が害されるといえる例］
- 育児休業の取得について上司に相談したところ、「男のくせに育休をとるなんてありえない。」と言われ、取得を諦めざるをえない状況になった。

　　（ロ）労働者が制度等の利用の申出等をしたところ、上司が当該労働者に対し、当該申出等を取り下げるよう言うこと。
　　　　※労働者の事情やキャリアを考慮して育児休業等からの早期の職場復帰を促すこと自体は、申出・利用を阻害することには当たらないのが通常だが、職場復帰のタイミングは労働者の選択に委ねられなければならない。

　　（ハ）労働者が制度等の利用の申出等をしたい旨を同僚に伝えたところ、同僚が当該労働者に対し、繰り返しまたは継続的に申出等をしないよう言うこと（当該労働者がその意に反することを当該同僚に明示しているにもかかわらず、更に言うことを含む）。
　　　　［就業環境が害されるといえる例］
- 育児休業を請求する旨を同僚に伝えたところ、「自分なら育休はとらない。自分だけとるべきではない。」と言われ、「でも自分は請求したい。」と伝えたのに更に同様のことを言われ、取得を諦めざるをえない状況になった。

　　（ニ）労働者が制度等の利用の申出等をしたところ、同僚が当該労働者に対し、繰り返しまたは継続的に申出等を取り下げるよう言うこと（当該労働者がその意に反することを当該同僚に明示しているにもかかわらず、更に言うことを含む）。

③制度等の利用をしたことにより嫌がらせ等をするもの

　　労働者が制度等の利用をしたことにより、上司または同僚が当該労働者に対し、繰り返しまたは継続的に嫌がらせ等（嫌がらせ的な言動、業務に従事させないことまたは専ら雑務に従事させることをいう。）をすること（当該労働者がその意に反することを当該同僚に明示しているにもかかわらず、更に言うことを含む）は、客観的にみて、言動を受けた労働者の能

力の発揮や継続就業に重大な悪影響が生じる等当該労働者が就業する上で看過できない程度の支障が生じ、「就業環境を害される」といえる。

［就業環境が害されるといえる例］

- 上司・同僚が「所定外労働の制限をしている人には大した仕事はさせられない」と繰り返し又は継続的に言い、専ら雑務のみさせられる状況となっており、就業する上で看過できない程度の支障が生じている。
- 上司・同僚が「自分だけ短時間勤務をしているなんて周りを考えていない。迷惑だ。」と繰り返し又は継続的に言い、就業をする上で看過できない程度の支障が生じる状況となっている。

2. 状態への嫌がらせ型の場合

　妊娠・出産等に起因する状態に関する同僚や上司の言動が「就業環境を害する」といえる場合の典型的な例として、次の①～②があげられる（①～②は限定列挙ではなく、これ以外にも「就業環境が害される」といえる場合はありうる。マタハラ措置指針）。

　①解雇その他不利益な取扱いを示唆するもの

　　女性労働者が妊娠等したことにより、上司が当該女性労働者に対し、解雇その他不利益な取扱いを示唆すること。

　［就業環境が害されるといえる例］

- 上司に妊娠を報告したところ、「代わりの人を雇うから、早めに辞めてもらうしかない。」と言われた。

　②妊娠等したことにより嫌がらせ等をするもの

　　女性労働者が妊娠等したことにより、上司または同僚が当該女性労働者に対し、繰り返しまたは継続的に嫌がらせ等をすること（当該労働者がその意に反することを当該同僚に明示しているにもかかわらず、更に言うことを含む）は、客観的にみて、言動を受けた女性労働者の能力の発揮や継続就業に重大な悪影響が生じる等当該女性労働者が就業する上で看過できない程度の支障が生じ、「就業環境が害される」といえる。

　［就業環境が害されるといえる例］

- 上司・同僚が「妊婦はいつ休むかわからないから仕事は任せられない」と繰り返し又は継続的に言い、仕事をさせない状況となっており、就業をする上で看過できない程度の支障が生じる状況となっている。
- 上司・同僚が「妊娠するなら忙しい時期を避けるべきだった」と繰り返し又は継続的に言い、就業をする上で看過できない程度の支障が生じる状況となっている。

(6) 業務上の必要性に基づく言動

　制度等の利用に関する言動や状態に関する言動であっても、<u>業務分担や安全配慮等の観点から、客観的にみて、業務上の必要性に基づく言動によるものは、「職場における妊娠・出産・育児休業等に関するハラスメント」には該当しない</u>とされています（厚労省セクハラ・マタハラ等パンフ）。

　例えば、妊娠の報告を受けた上司が、業務体制を見直す必要があるため、いつまで育休を取得するつもりかを尋ねたところ、当該従業員が、「育休は権利だし、就業規則では取得の1か月前に申請すればいいということになっているのに、このような質問をするのは育休の取得を快く思わない上司による嫌がらせではないか。」と誤解する場合がありえます。このケースでの上司の言動は、客観的にみて業務上の必要性に基づく言動といえますから、妊娠に関するハラスメントということはできないのが一般です。とはいえ、上司の側も質問の趣旨を説明するなどの配慮をすることが望ましいといえます。

　このような軋轢を防止するためには、制度を利用する労働者と上司その他の労働者とがお互いにコミュニケーションをとることが大切です。制度等を利用する労働者の側も、上司らにはこのような質問をする業務上の必要性があるということを理解する（理解できるように事業者からも周知する）とよいでしょう。

［参考：業務上の必要性に基づく言動といえる例］

1. 制度等の利用に関する言動の場合

　　制度等の利用に関する上司・同僚の言動が業務上の必要性に基づくといえる場合の例として、次のものがあげられる。

　［業務上の必要性に基づく言動の例］
- 業務体制を見直すため、上司が育児休業をいつからいつまで取得するのか確認すること。
- ある程度調整が可能な休業等（定期的な妊婦健診の日時等）について、業務状況を考えて、上司が「次の妊婦健診はこの日は避けてほしいが調整できるか」と確認すること（変更の依頼や相談は、強要しない場合に限られ、労働者の意をくまない一方的な通告・強要はハラスメントとなる）。
- 同僚が自分の休暇との調整をする目的で休業の期間を尋ね、変更を相談すること（同上）。

2. 状態に関する言動の場合

　　妊娠・出産等に起因する状態に関する同僚や上司の言動が業務上の必要性に基づくといえる場合の例として、次のものがあげられる。

　　なお、妊婦本人にはこれまで通り勤務を続けたいという意欲がある場合であっても、客観的に見て、妊婦の体調が悪い場合は、「業務上の必要性に基づく言動」となる（厚労省セクハラ・マタハラ等パンフ）。

　［業務上の必要性に基づく言動の例］
- 上司が、長時間労働をしている妊婦に対して、「妊婦には長時間労働は負担が大きいだろうから、業務分担の見直しを行い、あなたの残業量を減らそうと思うがどうか」と配慮する。
- 上司・同僚が「妊婦には負担が大きいだろうから、もう少し楽な業務にかわってはどうか」と配慮する。
- 上司・同僚が「つわりで体調が悪そうだが、少し休んだ方が良いのではないか」と配慮する。

4　職場におけるハラスメントに共通する論点

（1）労働者

　我が国には、パワハラ、セクハラ、そして妊娠・出産・育児休業等に関するハラスメントに関して、これらに起因する問題に関する事業主の雇用管理上の措置義務を定める法の規定があります（労働施策総合推進法 30 条の 2、男女雇用機会均等法 11 条・11 条の 2、育児・介護休業法 25 条）。

　これらは「労働者」に対するハラスメントを射程としていて、労働者以外の者は保護対象となっていません。ただし、労働者派遣法により、派遣先の指揮監督下で労働する派遣労働者の就業に関しては、派遣先も派遣労働者を雇用する事業主とみなして、パワハラ、セクハラ、妊娠・出産・育児休業等に関するハラスメントに起因する問題に関する雇用管理上の措置義務の規定が適用されることになっています（労働者派遣法 47 条の 2，3，4）。

　ハラスメントからの保護対象は「労働者」（および派遣先の派遣労働者）であり、非正規労働者（契約社員・パート社員・アルバイトなど）も保護対象です。

　また、法律は、保護対象としての労働者の地位や性別を区別していませんから、セクハラであれば、女性労働者だけでなく男性労働者も保護対象です（男性も女性も加害者にも被害者にもなりうる）。また、同性の労働者によるセクハラもありえます（性的マイノリティの労働者に対して、同性の労働者がそれを揶揄する言動を頻繁に口にする「LGBT に関するハラスメント」等）。部下から上司に対するセクハラもありえます。

　パワハラであれば、優越的な関係に基づく言動という要件を満たせば、部下から上司へのパワハラや同僚間のパワハラもありえます。

（2）労働者以外の者に対するハラスメント

　我が国のハラスメント規制は、保護対象は労働者（および派遣労働者）であり、基本的には、自社の労働者による自社の労働者に対するハラスメントを防止しようとするものです。

　しかし、2019 年（令和元年）6 月に国際労働機関（ILO）で採択された、いわゆるハラスメント禁止条約は、加盟国に対し、「労働の世界における暴力とハラスメント」を禁止する法を採用し、監視のための仕組みを確立・強化し、罰則を設けることなどを求めるとともに、保護の対象について、労働者だけでなく、契約形態にかかわらず働く人々、インターンなど訓練中の人、雇用終了し

た人、職探し中の人なども広く含めました。

　確かに、人権尊重の見地からは、職場におけるハラスメントの保護対象を自社の労働者に限定するのはおかしな話です。会社の威を借りたフリーランスいじめ、取引上の優劣を背景とした取引先の担当者いじめ、就職活動中の女性に対するセクハラなど、弱い立場にある者に対する卑怯なハラスメントの話はしばしば耳にします。このような自社の労働者以外の者に対する不法な行為も許されるべきではありません。会社がその労働者に対して法令遵守・人権尊重を求めるのであれば、自社の労働者に対するハラスメントだけでなく、自社の労働者以外の者に対するハラスメントもしないように指導するべきです。

　すなわち、会社は、自社の労働者が、<u>自社の労働者以外の者に対するハラスメント（他の事業主が雇用する労働者や求職者、個人事業主、インターンシップを行っている者等に対するハラスメント）</u>を行うことのないよう、職場におけるハラスメントと同様の防止措置を講ずるべきです。

　なお、パワハラ措置指針は、事業主は、その雇用する労働者が、労働者以外の者に対する言動について必要な注意を払うよう配慮するとともに、事業主や役員自らと労働者も、労働者以外の者に対する言動について必要な注意を払うよう努めることが望ましいと定めています（☞ 巻末資料1：3「事業主が自らの雇用する労働者以外の者に対する言動に関し行うことが望ましい取組の内容」を参照）。「必要な注意を払うよう配慮する」とか「努めることが望ましい」というのは、労働者に対するハラスメント問題に関する雇用管理上の措置義務のような、違反した事業主は厚生労働大臣による是正勧告等の対象となる強い義務にはしないという趣旨です（「配慮義務」とか「努力義務」といわれます）。我が国では労働者以外の者に対するハラスメントに関する議論が煮詰まっていないことや、事業主の負担に対する危惧が主張されていることに配慮したのです。とはいえ、人権尊重に関わる問題ですから、事業主は、労働者以外の者に対するハラスメントは、労働者に対するハラスメントと同様に重要な課題として取り組むべきです。

　現実問題として、労働者以外の者に対するハラスメントが報道されるなどして、企業のレピュテーションリスク（評判・評価が低下するリスク）が現実化してしまった事案も発生しています（コラム12～14）。

[コラム 12：就職活動中の者に対するセクハラが報道された事例]

　就職活動で大学のOB訪問をする女子大生に対する悪質なセクハラをした男性社員が逮捕されたという報道がしばしばみられます。

- 都市銀行の男性社員がリクルーターを装って女子大生をカラオケに連れ込み、無理やりキスをしたとして、強制わいせつ容疑で逮捕された（2007年）。
- 通信社の人事部長が就活中の女子大生に不適切な行為をしたとして懲戒解雇された（2013年）。
- 大手自動車部品メーカーの採用試験を受けた女子大生が、同社の男性幹部から合格と引き換えに不適切な関係を迫られたとして損害賠償請求訴訟を提起した（和解成立）（2016年）。
- 大手建設会社の男性社員が、OB訪問で知り合った女子大生を自宅に呼んでわいせつ行為をしたとして、逮捕された（不起訴）（2019年）。
- 大手商社の男性社員が、OB訪問で知り合った女子大生を個室居酒屋に誘って一気飲みのうえ泥酔させ、トイレ内で胸を触り、女子大生の宿泊先のホテルで性的暴行を加え、準強制わいせつと準強制性交罪で逮捕・起訴された。OBは懲戒解雇となった。3,000万円で示談したとのこと（2019年）。

[コラム 13：就職内定した大学生に対するハラスメントが報道された事例]

　2020年4月には、就職内定を得た大学生に対する人事課長によるパワハラ類似の悪質な言動が報道されました（2020年4月）。

（事案の概要）

　大手電機メーカーの子会社に就職内定した大学4年生が研修の一環で登録するSNS交流サイトに、人事課長が、毎日ログインして投稿にコメントすることや課題図書の感想の投稿を求めた。そのうえで「誰がいつサイトに入っているかは人事側で見えています」「毎日ログインしていなかったり、書き込まない人は去ってもらいます」と投稿した。

　人事課長は、書き込みが少ない内定者をSNSから排除したり「無理なら辞退してください、邪魔です」「ギアチェンジ研修は血みどろになるくらいに自己開示が強制され、4月は毎晩終電までほぼ全員が話し込む文化がある」などと投稿した。

　これにより、22歳の大学4年生が、就職の迷いを口にして、「死にたい」と吐露したうえ、入社2か月前の2019年2月に自殺したと遺族代理人が記者会見した。

［コラム 14：カスハラをした役員らが辞任に追い込まれたと報道された事例］

　取引先の従業員に対してハラスメントと類似の言動をする、いわゆるカスタマーハラスメントは、加害者側にとっては、労働者以外の者に対するハラスメントといえます。次のような事例が報道されたことがあります（2018 年）。

（事案の概要）

　大手食品会社の社長と執行役員らが空港の VIP ラウンジで食事をした際に、執行役員が女性アテンダントに対し、「この後、彼氏とデートするのかな？」「彼氏とする時は制服でするの？」「（社長はシャワー浴びないから）体を拭いてあげてよ」などと発言した。

　これを受け、航空会社が食品会社に事案を報告した。

　食品会社は社内調査の上、航空会社に謝罪し、執行役員と同席していた社長が「一身上の都合」で辞任した。

---

(3)　「職場」におけるハラスメント

　職場におけるパワーハラスメント、職場におけるセクシュアルハラスメント、職場における妊娠・出産・育児休業等に関するハラスメントなど、我が国のハラスメント規制は、「職場」におけるハラスメントを規制対象としています。職場外の私的な生活領域における社員の行動に会社が過剰に干渉するべきではないからです。例えば、同じ会社の従業員が同棲していて、自宅で相手に不愉快な性的言動をしたような場合は、「職場」におけるセクシュアルハラスメントにはあたらないので、事業主が関与するべきではありません。

　しかし、形式的には「職場」外であっても、実質的には職場といえる場面で行われたハラスメントの言動は、「職場における」ハラスメントであると解されています。ガイドラインでは、「職場」は、事業主が雇用する労働者が業務を遂行する場所を指すが、労働者が通常就業している場所以外の場所であっても、取引先の事務所や顧客の自宅、出張先等、労働者が業務を遂行する場所であれば「職場」に含まれると説明しています（セクハラ措置指針）。

　「職場」における言動といえるかどうかは、特にセクハラで問題になることが多いといえます。それだけ、会社から離れた場所での性的な嫌がらせが多いということです。例えば、出張先で宿泊したホテルで、お酒が入って気分が高揚し、相手もこちらに気があると勘違いして抱きついてキスをしてしまったという事例は、「職場における」セクシュアルハラスメントに該当します。

また、勤務時間外の宴会であっても、実質上職務の延長と考えられるものは「職場」に該当します（セクハラ措置指針）。そして、その判断にあたっては、「職務との関連性、参加者の範囲、参加が強制的か任意か」等の事情を考慮して個別に行う必要があるとされています。

［宴会が「職場」に該当しうる場合の例］
● 当該部署の長が呼びかけて職場の者が参加して行われた打ち上げの懇親会
職場の打ち上げなので「職務との関連性」があり、「参加者」も職場の者のみ、部署の長が呼び掛けているので参加を断りにくい状況といえることなどから、実質上職務の延長と考えることができるから、「職場」といえる。
● 社員旅行の宴会
職場の公式行事なので「職務との関連性」があり、「参加者」も職場の者が中心だから、実質上職務の延長と考えることができるから、「職場」といえる。

［宴会が「職場」に該当しない場合の例］
● 職場の仲のよい者だけが LINE で連絡を取り合って飲み会をする。

　なお、交際関係のもつれから行われた性的な言動は、それが職場で行われれば、職場におけるセクシュアルハラスメントとして会社が対応すべきものであるといえます。例えば、交際していた同僚に別れを切り出したところ、その同僚が、他の同僚や取引先に「あの人は異性関係に奔放だから」などと言いふらしているというような場合は、「職場」におけるセクハラといえます。したがって、ハラスメントの相談をされたときに、「社員間の個人的な問題だから、会社は立ち入れないよ。」と即断すべきではありません。性的な言動が「職場」で行われていないかを慎重に確認する必要があります。

［コラム 15：管理職が社員間の個人的な問題と判断して悪化した事例］

最判平 30.2.15（イビデン事件）

（事案の概要）

被害者 V（女性）と加害者 D は男女関係を伴う交際をしていたが、V が交際解消を伝えたところ、D が、業務中に頻繁に被害者の部署にやってきて話しかけて居座ったり、V の自宅に押し掛けたりするようになった。このため V は体調を崩し、係長に相談したところ、係長は、朝礼で「ストーカーや付きまといをしているやつがいるようだが、やめるように。」などと発言するのみで、それ以上の対応はしなかった。V は課長とも面談したが、まともに取り合ってもらえず、やむを得ず退職した。

V は D と会社に対して損害賠償を請求して提訴した。

（判決について）

判決は、D の不法行為を認め、会社の使用者責任も認めて、220 万円（慰謝料 200 万円＋弁護士費用 20 万円）の賠償を命じました（連帯責任）。

このケースでは、係長や課長が、本件を社員間の個人的な問題として軽く見てしまったために、被害者が退職にまで追い込まれ、被害が深刻になってしまったものと考えられます。

5　その他のハラスメント

（1）モラルハラスメント

「モラルハラスメント」は、パワハラやセクハラなどのように定義が法的に明確になっている用語ではありません。海外では、「moral harassment」「mobbing」「bullying」などと言うそうです。

精神的な暴力、嫌がらせという意味とされ、職場だけでなく、対人関係一般、特に夫婦間の問題で用いられる用語です。近時は、職場で行われるパワハラに該当しない労働者同士の嫌がらせ等をモラハラというようになってきました。

モラハラはもともと広い概念の用語ですから、職場におけるモラルハラスメントは、「業務上必要かつ相当な範囲を超えた言動により、他の労働者が就業する上で看過できない程度の支障が生じ、就業環境が害されること」という意味にとらえておけばよいと思います。モラハラの定義に該当する言動が「優越的な関係を背景とした言動」であればパワハラにあたり、性的な言動であればセクハラ、妊娠・出産・育児休業等に関する言動であればマタハラ・パタハラ・

ケアハラにあたるということができます。

　そして、パワハラやセクハラ等の、定義が明確なハラスメントに該当するとはいえないが、人権尊重や良好な職場環境を維持するという見地から許されない言動を、「職場におけるモラルハラスメント」として対応していくとよいのではないかと思います。同僚同士の嫌がらせは、パワハラに該当しないし、セクハラにも該当しない。これでは会社として対応できないというのでは、悪質な嫌がらせに対応できず、パワハラやセクハラの定義を明確にしたことが、かえってあだとなってしまいます。

　もちろん、パワハラやセクハラのような明確な定義づけがないため、モラハラはグレーゾーンが多いといえます。しかし、例えば、単独の労働者による同僚や上司に対するひどい嫌がらせが続くような場合は、それが人格攻撃・人格否定、威迫など、社会通念に照らして、業務上の必要性を欠く言動や社員間の言動としての許容範囲を超えた言動により、労働者が就業する上で看過できない程度の支障が生じていると評価できるレベルに達している場合には、そのような言動は人格権の侵害等の不法行為となり、損害賠償責任を問うことができると考えられます。

　このような悪質なモラハラに会社として対応する場合は、就業規則の服務規律の章に定められた規定に、例えば「社内でセクハラやマタハラ、育児休業等に関するハラスメント、パワハラ、いじめ、ストーカー行為、その他ハラスメントにあたる行為をしないこと」と定められていれば、モラハラは「いじめ」や「その他ハラスメントにあたる行為」に該当するとして対応することができるでしょう。そのような規定がない会社であれば、例えば「業務で関係する者には常に誠実な態度で接し、信頼、心証を損ねるような言動或いは、粗野な態度を取らないこと」という規定があれば、それを利用することになるでしょう。

　ただ、人権尊重、良好な職場環境の維持という見地からは、できれば、そのことを明確にするハラスメント防止の条項を定めておきたいところです。例えば、就業規則の服務規律の章に、パワハラ、セクハラ、妊娠・出産・育児休業等に関するハラスメントを禁止する各条項を規定したうえで、それに続いて、「第○条　第△条から前条までに規定するもののほか、職場において、暴行、人格を否定するような言動、侮辱的な言動、威圧的な言動その他の業務上必要かつ相当な範囲を超えた言動により、他の社員の就業環境を害してはならない。」といったようなモラハラ禁止規定を設けておけば、職場における様々な問題言動に対応できると思います。

　就業規則の定め方についてはともかく、実務でハラスメントの言動に対応する場合は、その言動がパワハラに該当するか、セクハラに該当するかといった視点はもちろん大切ですが、もっと根本的に、これは人格権の侵害ではないか、社会通念に照らして社員間の言動としての許容範囲を超えており相当といえないのではないか、という視点を持つことも大切です。そうすれば、パワハラやセクハラの狭間にある悪質なハラスメントに迅速に対応できると思います。

［コラム16：モラハラと問題社員］

　モラハラは、いわゆる「問題社員」による言動の一類型といえます。

　問題行動を繰り返す社員を解雇したところ、解雇無効を主張して訴訟となったというケースは多くみられます。例えば、次の裁判例があります。

東京高判平14.9.30（鹿島リノベイト事件）

（事案の概要）

● 従業員20名の会社に中途採用された女性従業員Xに以下の言動がみられたため、1回目のけん責処分（始末書提出）：
　上司Aに対し「あなたは頭が悪いのではないの」と発言した。／上司Bから注意を受けると「ネチネチと話をする」と周囲に吹聴した。／前職の同業他社のやり方をそのまま勤務先に導入し混乱を来しているにもかかわらず平然としている。／上司が優先的にすべき作業を指示しても従わず、不急の作業を行う。

● 2回目のけん責処分：上司Bが命令した業務を遂行せず、自己弁護に終始し、職場内で独り言を声高に語り、職場の雰囲気を乱した。／自らコピーを作成すべき書類について、隣席の女子社員が昼寝する時間があるならばその女子社員がコピーをすればよいとの発言を他の社員の前でして、職場内の雰囲気を乱した。

● 3回目のけん責処分：2回目のけん責処分の始末書を提出せず、上司が提出を促しても平然と「やっていません」と回答した。

● 4回目のけん責処分：上司が3回目のけん責処分に関する通知書を手渡すと、シュレッダーに投入してしまった。

● このため、会社はXを入社2年後に普通解雇した。

これに対し、Xが解雇は権利の濫用で無効と主張して訴訟提起した。

（判決について）

　第一審（東京地裁）は、解雇は権利の濫用（解雇無効）と判断しました。その理由は、形式的には就業規則の「勤務成績又は能率が著しく不良で、就業に適し

ないと認めるとき」に該当するものの、会社の業務に支障を来した程度は社会通念上さほど重大なものとはいえないこと、4回目のけん責処分の後であっても、減給、出勤停止のような他の懲戒処分を行うことに特段支障はなかったと認められるというものでした。

　これに対し、東京高裁は、第一審判決を取り消し、Xの請求を棄却しました（Xは上告したが上告棄却）。その理由は、行為を一つ一つ取り上げると比較的些細なものが多いように思われるが、4回にわたるけん責処分を受けてもXの態度に変化がなかったことから本件解雇に至ったとみることができるというものでした。「比較的些細な」モラハラであっても、それが繰り返される（処分も繰り返される）場合には、解雇も社会通念上相当といえ、権利の濫用にはあたらないという趣旨の判断です。

　本件は、地裁と高裁の判断が分かれており、モラハラ対応の判断の微妙さ・難しさがうかがえます。

　一般社員のモラハラは、上司による注意・指導によって対応することができるため、違法・不法な言動であると評価されるためのハードルがパワハラの場合よりも高いといえます（モラハラ言動は「比較的些細」とか「軽微な規律違反に過ぎない」と評価されやすい）。このため、会社としてどう対応すべきかの判断に苦慮します。しかも、行為者が会社の処分を受け入れず訴訟になると、本件のように最高裁まで熾烈な争いが続くことも多いのです。

　本件は、従業員20名の会社でこのようなモラハラ言動が続くことによる業務の混乱を考えると、高裁判決は妥当な結論と思います。ただし、解雇して泥沼の法的紛争に進むリスクをとる前に、東京地裁が指摘するように、減給や出勤停止などの懲戒処分をしておくという対応を考えてもよいとは思います。

(2) カスタマーハラスメント

　「カスタマーハラスメント」（カスハラ）とは、<u>取引先等の他の事業主が雇用する労働者または他の事業主（またはその役員）からのハラスメントや、顧客等からの著しい迷惑行為により、当該労働者の就業環境が害されること</u>です。

　例えば、次のような例が考えられます。
- 従業員がお得意様の責任者からひどい暴言を繰り返し受けた。
- 取引先から、著しく不当な要求をされた（値引きの強要、クレームで長時間拘束する等）
- 重要な取引先の役員が、担当の女性従業員に対し、わいせつな行為をしてくる。
- こちらのミスに対し、顧客が土下座を要求する。

　カスハラは、お得意様や顧客という上位の立場にある者が、逆らい難い立場にある者に対してハラスメントをするものであり、正社員が非正規社員を見下してパワハラやセクハラに及んだり、役員が一般の従業員に対してパワハラやセクハラに及ぶといったケースと構造としては同じものといえます。取引上の地位の上下関係があるか、職務上の地位の上下関係があるかという違いに過ぎません。このような行為を許すべきではなく、従業員が被害者となった場合は、会社は従業員を守るべきです。コラム14の航空会社が、食品会社役員によるカスハラに毅然と対応したのは、雇用主としてあるべき姿といえます。

　とはいえ、カスハラ対応は容易ではありません。お客様に対して当方に非があり謝罪しているような場合や取引関係を失いたくないという事情のある場合は、強気に出にくいでしょう。

　しかし、不当な要求や言動から従業員を守れない会社には、優秀な人材は定着しないでしょうし、守ってもらえなかった従業員が SNS などで訴えて「炎上」してしまうリスクも考えられます。

［コラム17：カスハラが炎上した事例］

（2018年の報道より）

　財務省の事務次官が、取材目的で会食していたテレビ局の女性社員に対し、悪質なセクハラ発言をした（「抱きしめていい？」「胸触っていい？」「手縛っていい？」「キスしたいんですけど。すごく好きになっちゃったんだけど…おっぱい触らせて。綺麗だ、綺麗だ、綺麗だ」など）。女性社員は、以前にも同様の行為を受けていたため、発言を録音し、上司に相談して、自社で報道してほしいと要望した。しかし上司は、報道すると女性社員が特定されて二次被害に遭うので報道しないと答えたため、女性社員が週刊誌に情報を伝えるに及び、週刊誌で報道され発覚した。

　テレビ局は記者会見するとともに、遅まきながら財務省に抗議文を提出することになり、事務次官は辞任した（処分は減給20%、退職金141万円減額）。

（事例について）

　事務次官は、テレビ局にとっては重要な情報提供をしてくれる「お得意様」といえますから、上司としては対応が難しかったのかもしれません。しかし、明らかにアウトといえるセクハラ発言をしていますから、会社（上司）が被害者対応をおろそかにして放置するのは得策とはいえなかったと思います。

カスハラ対応の必要性については、パワハラ措置指針でも言及されています。もっとも、事業主にとって必ずしも対応が容易とはいえないこともあり、現状では、事業主は、カスハラによって、その雇用する労働者が就業環境を害されることのないよう、雇用管理上の配慮として、（1）相談に応じ、適切に対応するために必要な体制の整備と（2）被害者への配慮のための取組を行うことが「望ましい」とされるにとどまっています。（☞ 巻末資料1：4「事業主が他の事業主の雇用する労働者等からのハラスメントや顧客等からの著しい迷惑行為に関し行うことが望ましい取組の内容」を参照）

［コラム18：カスハラ対策の例］

　カスハラ対策としては、次のような措置が考えられます。

（対顧客）
- 対応マニュアルの作成と研修の実施
- 同業者でガイドラインを作成する
- 普段からの毅然とした対応
- 複数人で対応する（上司・法務部員の立会い等）
- 担当者を変更する、現場の対応をお客様相談室に移す
- 応対の記録化（録画・録音）
- 法務部員・弁護士との連携
- 警察に通報する
- 出入禁止にする
- （電話）非通知と公衆電話からの入電拒否

（対取引先）
- 対応マニュアルの作成と研修の実施
- 業界でルールを作成する
- （対顧客対応の例のほかに）上司（経営者）から行為者の上司（経営者）への申入れをする

（受け手の支援）
- シフト変更、配置転換
- 休養、カウンセリング　等

第3章　職場におけるハラスメントを防止するための措置

1　事業主の義務と管理職の責務

　職場におけるパワーハラスメント、職場におけるセクシュアルハラスメントおよび職場における妊娠・出産・育児休業等に関するハラスメントについて、事業主は、これらに起因する問題に関して、雇用管理上必要な措置を講ずべき義務を負っています（労働施策総合推進法30条の2、男女雇用機会均等法11条・11条の2、育児・介護休業法25条）。この義務に違反した場合は、厚生労働大臣の指導や是正勧告、公表の対象になります（労働施策総合推進法33条1項・2項、育児・介護休業法56条・56条の2、男女雇用機会均等法29条・30条）。

　また、使用者は、労働者に対し、労働者がその生命、身体等の安全を確保しつつ労働することができるよう必要な配慮をする義務（安全配慮義務）を負うとされています（労働契約法5条参照）。更に裁判例は、使用者は、信義則上、労働者に対し、労働者が働きやすい職場環境を整備し保つように配慮すべき義務、または良好な職場環境を整備すべき義務を負うと指摘しています（職場環境配慮義務や職場環境維持義務などといわれる）。

　したがって、使用者は、これらの義務に基づいて、ハラスメント防止のための措置を講ずるとともに、ハラスメントが生じた場合には迅速・適切に対応することで、良好な職場環境を整備・維持し、労働者のメンタルヘルスを保護しなければなりません。

　そして、管理職は、自らが職場におけるハラスメントをしないだけでなく、事業主の雇用管理上の措置義務や安全配慮義務・職場環境配慮義務を現場で実施する責務を負う者として、部下が職場におけるハラスメントをしないように部下を教育・指導することが求められています。

　上長が十分なハラスメント対応をしないと、会社が厚生労働大臣から指導や是正勧告を受けたり、会社が民事責任を問われたりして、その際の上長の対応の当否が問題とされます。職場におけるハラスメントを放置した上長が会社から処分を受けることもあるでしょう。

2　雇用管理上の措置に関する指針

　事業主の雇用管理上の措置義務については、厚生労働省により、以下の解釈指針（ガイドライン）が告示されています。

- ●パワハラ措置指針：「事業主が職場における優越的な関係を背景とした言動に起因する問題に関して雇用管理上講ずべき措置等についての指針」（令和2年厚生労働省告示第5号）
- ●セクハラ措置指針：「事業主が職場における性的言動に起因する問題に関して雇用管理上講ずべき措置についての指針」（平成18年厚生労働省告示第615号)
- ●マタハラ措置指針：「事業主が職場における妊娠、出産等に関する言動に起因する問題に関して雇用管理上講ずべき措置についての指針」（平成28年厚生労働省告示第312号)
- ●育介指針：「子の養育又は家族の介護を行い、又は行うこととなる労働者の職業生活と家庭生活との両立が図られるようにするために事業主が講ずべき措置に関する指針」（平成21年厚生労働省告示第509号)

　実務では、ハラスメントを防止するための措置として何をするべきか、ハラスメントが発生した場合にどのような対処をするべきかについて、上記指針を参考することになります。

　なお、4つの指針の共通点をまとめるとともに、各種のハラスメント特有の注意点について記載した表を、巻末資料1として掲載したので、参照してください。

[コラム19：個人情報保護のマネジメントシステム等との共通性]

　個人情報の保護に関するマネジメントシステムなどもリスクマネジメントシステムの一種ですから、講ずべき措置は基本的に同じです。会社においては、会社としてのリスクマネジメントの一環としてハラスメント対応を考えることになります。

（個人情報の保護に関するマネジメントシステム）

(1) プライバシーポリシーなどの基本方針を策定する。

(2) 個人データの具体的な取扱いに関する規律を整備し、安全管理措置を講ずる。

(3) 漏えい事故が発生したときに適切に対応する（事実確認→事実の評価と措置・対応→再発防止策の検討）。

　雇用管理上の措置の解釈指針は4つもありますが、ハラスメントに関するリスクマネジメントとして何をするべきかという話なので、やるべきことの多くは共通しています。

　上記指針に記載されている雇用管理上講ずべき措置の内容の概略をまとめると、次のとおりです。

(1)　事業主の方針等の明確化及び労働者への周知・啓発

　次の措置を講じなければならない。

　　イ　職場におけるハラスメントの内容とハラスメントがあってはならない旨の方針（以下、「事業主の方針」という。）を明確化し、管理・監督者を含む労働者に周知・啓発すること。

　　ロ　職場におけるハラスメントに係る言動を行った者については、厳正に対処する旨の方針及び対処の内容を就業規則その他の職場における服務規律等を定めた文書に規定し、管理・監督者を含む労働者に周知・啓発すること。

(2)　相談・苦情に応じ、適切に対応するために必要な体制の整備

　次の措置を講じなければならない。

　　イ　相談への対応のための窓口（以下「相談窓口」という。）をあらかじめ定めること。

　　ロ　相談窓口の担当者が、相談に対し、その内容や状況に応じ適切に対応できるようにすること。

　なお、相談窓口においては、職場におけるハラスメントが現実に生じている場合だけでなく、その発生のおそれがある場合や、職場における各ハラスメントに該当するか否か微妙な場合等であっても、広く相談に対応し、適切な対応を行うようにすること。

(3)　職場におけるハラスメントに係る事後の迅速かつ適切な対応

　次の措置を講じなければならない。

　　イ　事案に係る事実関係を迅速かつ正確に確認すること。

　　ロ　事案に係る事実関係の確認により、職場におけるハラスメントが生じた事実が確認できた場合においては、速やかに被害者に対する配慮のための措置を適正に行うこと。

ハ　事案に係る事実関係の確認により、職場におけるハラスメントが生
　　　　じた事実が確認できた場合においては、行為者に対する措置を適正
　　　　に行うこと。
　　ニ　改めて職場におけるハラスメントに関する方針を周知・啓発する等
　　　　の再発防止に向けた措置を講ずること。
　なお、職場におけるハラスメントが生じた事実が確認できなかった場合に
おいても、同様の措置を講ずること。

（4）上記各措置と併せて講ずべき措置
　（1）から（3）までの措置を講ずるに際しては、併せて次の措置を講じな
ければならない。
　　イ　相談への対応または当該職場におけるハラスメントに係る事後の対
　　　　応に当たっては、相談者・行為者等のプライバシーを保護するため
　　　　に必要な措置を講ずるとともに、その旨を労働者に対して周知する
　　　　こと。
　　ロ　労働者が職場におけるハラスメントに関し相談をしたことまたは事
　　　　実関係の確認に協力したこと等を理由として、不利益な取扱いを
　　　　行ってはならない旨を定め、労働者に周知・啓発すること。

3　ハラスメント対応の全体像

（1）危機対応としてのハラスメント対応
　ハラスメントの相談があった場合の基本的な対応は、実際に企業にとっての
危機が発生した場合の危機対応の流れと同じです。
　すなわち、［事実確認］→［社内対応・社外対応］→［再発防止策の検討］と
いうのが基本的な流れです。顧客情報の漏えい事案などもこの流れに沿って対
応しています。
　なお、ハラスメントは従業員同士の問題ですから、事実確認を受けた対応は、
報道発表や取引先対応のような社外対応よりも、社内対応（相談者・行為者に
対する措置）が中心となります。また、訴訟などの外部の手続きに頼る前に、
できる限り紛争の自主的な解決（和解調整）の努力をすることも求められます。

［ハラスメント相談対応の大まかな流れ］

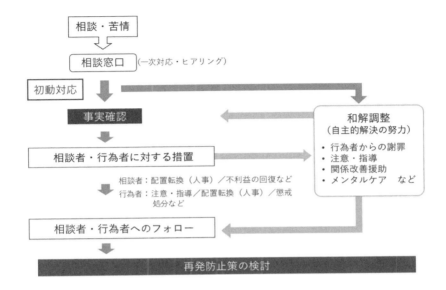

なお、図の「初動対応」とは、事実確認後に相談者・行為者に対する措置を講じていたのでは手遅れになるような可能性のある場合に、取り急ぎの対応をすることです。情報漏えいの事案であれば、アクセスログの解析などの事実確認に先立ち、とりあえず社内ネットワークをインターネットから遮断しておくなどの措置が、初動対応です。ハラスメント事案の場合は、相談段階でブラックなハラスメントの可能性が濃厚であり、事実確認を待って対応していては被害者のメンタル面が心配されるような場合に、とりあえず相談者と行為者の席を離すなどの処置が考えられるでしょう。

　管理職としては、仮に自分がハラスメントの相談を受けた場合に、初動対応を要するような深刻な事案といえるかを判断して人事部などに相談できるかというのは重要になると思います。

(2)　相談や相談対応協力を理由とする不利益取扱いの禁止

　ハラスメントの相談をした労働者や、相談を受けた会社が事実確認をする際に事情聴取に協力して証言した同僚等に対して、相談したことや証言したことを理由として不利益な取扱いをすることは禁止されています。

　すなわち、事業主は、労働者が職場におけるセクシュアルハラスメント、職

場における妊娠・出産・育児休業等に関するハラスメントおよび職場における
パワーハラスメントに関する「<u>相談を行ったこと又は事業主による当該相談への対応に協力した際に事実を述べたことを理由として、当該労働者に対して解雇その他不利益な取扱いをしてはならない</u>」とされています（男女雇用機会均等法11条2項、育児・介護休業法25条2項、労働施策総合推進法30条の2第2項）。

　不利益取扱いの禁止に違反した場合は、不利益な取扱いは無効となります。例えば、相談者を相談したことを理由として不利益な配置転換した場合は、その配置転換は無効になり、元の職場に戻さなければなりません。ハラスメントの事情聴取に協力した労働者をそのことを理由として降格した場合も、元の地位に復職させ、降格に伴う減給分も損害賠償しなければなりません。

[コラム20：不利益な取扱いについて]

　ハラスメント対応においては、相談者を配置転換する場合に不利益な取扱いに当たるのではないかという問題は生じやすいと思います。

　配置転換については、通常の人事異動のルールから十分に説明できる職務または就業の場所の変更は「不利益」にあたらないといえると解されています（「労働者に対する性別を理由とする差別の禁止等に関する規定に定める事項に関し、事業主が適切に対処するための指針（平成18年厚生労働省告示第614号）」）。

　なお、「不利益な取扱い」の例は、次のとおりです。
- 解雇
- 雇止め（有期雇用労働者の契約の更新をしないこと）
- 契約更新回数の引き下げ
- 退職や正社員を非正規社員とするような契約内容変更の強要
- 降格
- 減給
- 賞与等における不利益な算定
　　賞与等には賃金・退職金も含む。
- 不利益な配置変更
　　ただし、通常の人事異動のルールから十分に説明できる職務または就業の場所の変更については、「不利益」にあたらない。
- 不利益な自宅待機命令
- 昇進・昇格の人事考課で不利益な評価を行う
- 派遣先が当該派遣労働者に係る労働者派遣の役務の提供を拒むこと
　　派遣契約に定められた役務の提供ができると認められるにもかかわらず、派遣先が派遣元に対し、派遣労働者の交替を求めたり、派遣労働者の派遣を拒むことなどが該当する。

(3) 受け手に対する配慮のための措置

　職場におけるハラスメントの事実が確認できた場合の受け手（被害者）に対する措置としては、次の例が考えられます。

- 受け手を行為者から引き離すための配置転換
　　配置転換する場合は、基本的には行為者を異動するべきです。受け手を配置転換する場合は、受け手の希望確認等、慎重な配慮が必要になります。受け手の希望を尊重しないで受け手を異動すると、受け手が二重に被害を受けたと不満を抱く場合もありますし、ハラスメント相談をしたために不利益な取扱いを受けたと主張してくる場合も考えられます（ハラスメントの相談をしたことで不利益な取扱いをすることは禁止されており、不利益取扱いは無効となります。）
　　☞ (2) 「相談や相談対応協力を理由とする不利益取扱いの禁止」を参照
- 受け手の労働条件上の不利益の回復
- 受け手と行為者の間の関係改善に向けての援助
　　関係改善の試みは、被害者の意向を尊重しつつ行う必要があります。例えば、ハラスメント対応をしたという「アリバイ」づくりのために、被害者の意向を無視して加害者の謝罪を行うと、被害者が二重に被害を受けたと不満を募らせる場合があります。被害者の中には「望んでいるのは加害者の謝罪ではなく、加害者の処分である。」と考えている方もいるからです。
- 管理者（上司）や産業保健スタッフ等による受け手のメンタルケア

　なお、職場におけるハラスメントの事実が確認できない場合（グレーゾーン）の受け手に対する措置も、上に準じた措置ということになります。もっとも、グレーゾーンの場合は行為者を処分できないことが多く、そのことに相談者(受け手) が不満を抱くこともあるので、相談者に対して丁寧な説明を要する場合があります。

　また、特にパワハラのグレーゾーンでは、相談者（受け手）の側にも問題がある場合も多いでしょう（ミスを繰り返しているとか、聞き入れる姿勢がない等）。受け手のミスを改善するための教育・指導や、受け手の業務に対する姿勢についての注意・指導が必要な場合もあります。もちろん、相談者は行為者の言動に不満があってハラスメント相談をしてきているわけですから、相談者に対して注意・指導を行う場合には、相応の配慮が必要になります。

（4）行為者への対応

　職場におけるハラスメントの事実が確認できた場合の行為者に対する措置としては、次の例が考えられます。

- 行為者と受け手を引き離すための配置転換
- 上司等による注意・指導
- 悪質事案は、就業規則等の服務規律等を定めた文書における職場におけるハラスメントに関する規定等に基づき、行為者に対して必要な社内処分（懲戒・人事）をする
- 再発防止のための継続的なフォローアップ
  ①定期的な面談
  ②継続的なモニタリング
  ③外部研修の利用
  　　⇒ パワハラの場合の研修の例
  　　　ⅰ アサーション研修（自分と相手を大切にする表現技法を知る）
  　　　ⅱ アンガーマネジメント研修（「怒り」をうまくコントロールすることで、エネルギーやモチベーションに変える）
  　　　ⅲ リーダーシップ研修（チームの作り方など）

［コラム 21：懲戒処分に言及する場合の注意］

　　懲戒処分をするにあたっては、行為者の反論も含めて事実確認をしたうえで、確認できた言動が就業規則の懲戒事由に該当するかを評価し、言動の悪質性に照らして相当といえる処分を決定するという手続きを経なければならないとされています。

　　ですので、例えば、自分が指示した業務遂行方法を部下が行っていないことから、部下に対して「俺の言うことを聞かないということは懲戒に値する」と叱責し、始末書を提出させるなどという言動をすると、違法・不法なパワハラと判断される可能性が高いといえます。部下の注意に際して懲戒に言及する場合には、注意が必要です。

　　この上司の言動は東京地判平 22.7.27（日本ファンド（パワハラ）事件）で認定されたものですが、この事件では、このほかにも侮辱的な言葉をかけたり嫌がらせをするなどしたために、部下が心療内科で抑うつ状態の診断を受けて 1 か月間休職してしまいました。この上司は「暴君型」の上司で、他の従業員にもパワハラをしていたため、休職した部下を含めて 3 名の従業員が上司と会社に対して損害賠償請求訴訟を提起しました。判決は、休職に追い込まれた部下については、約 95 万円（休業損害約 35 万円＋慰謝料 60 万円）の損害賠償を認めています（上司と会社は連帯責任）。

　なお、職場におけるハラスメントの事実が確認できない場合（グレーゾーン）の行為者に対する措置も、基本的には上に準じます。もっとも、違法・不法なハラスメントと断定できないことから、懲戒処分のような厳しい処分をするのは難しい場合が多いといえるので、注意・指導や再発防止のための継続的なフォローアップなどが中心になるでしょう。

　ここで、特にグレーゾーンのハラスメントの場合に、行為者を注意・指導する際には注意が必要です。行為者には、次のように明確な悪意がないことも多いからです。

● 受け手が拒否の姿勢を明確に示さなかったため、許されていると思っている。
● 叱責をする相応のきっかけがあり（受け手のミスや受け手の問題点など）、部下を教育していると考えるなど、正しいことをしていると思っている。

　グレーゾーンの場合の注意・指導の留意点については、後述します。（☞ 5 (3)「注意・指導に際しての留意点」）

4　グレーゾーン対応の全体像

(1)　グレーゾーンのハラスメントへの対応

　3（「ハラスメント対応の全体像」）は、主にブラックなハラスメントへの対応についての説明です。

　前にハラスメント問題には「グレーゾーン」があると指摘しました（☞ 第1章 7「ハラスメント問題のグレーゾーン」）。グレーゾーンのハラスメントへの対応も、基本的にはブラックなハラスメントの対応と同じで、相談対応→事実確認→相談者・行為者に対する措置→再発防止策の検討という流れになります。

　もっとも、ハラスメント問題のグレーゾーンは、違法・不法とは断定できない言動であるため、厳しい懲戒処分をするのは難しいといえます（後述します）。

(2)　グレーゾーンが生じる理由

　職場におけるパワーハラスメントには「業務上必要かつ相当な範囲を超えたもの」（社会通念に照らし、当該行為が明らかに業務上の必要性がない、またはその態様が許容範囲を超え相当でないものであること）という要件があります。また、各ハラスメントに共通する要件として「就業環境が害される」（当該労働者が就業する上で看過できない程度の支障が生じること）があります。これらの要件は、「社会通念」や「平均的な労働者の感じ方」を基準として判断するので、必然的に現場で判断に迷うグレーゾーンが出てきます。

　　［グレーゾーンの言動の例］
- 特定の部下が報告すると、ため息をついたり、机を指で叩いて叱責するなどの態度をとる。
- 複数いる部下のうち、積極的に質問してくる部下には対応するが、それ以外の部下に対しては十分な指導をしない。
- 他の部下には雑談や軽口をしているが、その者とは業務の話はするが、それ以上の話はしない
- 部下を面白半分でしつこくからかい、部下が苦笑いしている。
- 女性従業員を「ちゃん付け」する。
- 受けを狙って下ネタを言う。

　グレーゾーンの言動は、行為者に明確な悪意がないことが多いですし、職場におけるブラックなパワーハラスメントや職場におけるブラックなセクシュアルハラスメントと断定することもできず、会社としての強い対応をしにくい言

86

動です。しかし、そのような言動を放置すると様々なリスクを伴うことについ
ては、既に説明しました。(☞ 第1章 7「ハラスメント問題のグレーゾーン」)

(3) 速やかに対応すべき場合

　職場におけるパワハラや職場におけるブラックなセクハラとまでいえない言
動は、違法・不法と言い切れない以上、行為者に対して厳しい懲戒処分をする
ことができないのが一般であり、注意・指導しにくい場合もあります。

　しかし、例えば、ネチネチ指導によって受け手のメンタルが崩壊してしまい
そうな場合や、従業員や顧客のほとんどが女性の職場のために特にジェンダー
的な発言は慎重にすべきといえる場合のように、「当該職場を運営していく上で
あってはならない言動や状況」と判断できる場合は、大ごとになる前に、会社
として速やかに何らかの措置を講ずるべきです。

　[当該職場を運営していく上であってはならない言動や状況といえる例]
- 書類作成上のミスを頻発する職員Aに対し、書類審査担当の上司が、ミ
  スのたびに、「前も注意したよね。ちゃんと見直してる？」「マニュアル
  読んでればこんなミスが起きるはずないでしょう。」「マニュアルを読ん
  で、時間かかってもいいからやってください。」などと強く注意すること
  が続いている。励まそうとした同僚がAと話をすると、目が泳ぐように
  なっているときがあるため、同僚が心配している。
- 隣の課の社員が長時間立たされて叱責を受けているのを何度か見たこと
  があると相談窓口に通報があったが、調査の結果、叱責された本人から、
  「自分に至らないところがあったのだから、当然のことだと思います。」
  と返答があった。
- 女性従業員が多い職場で、ある男性上司が、特定の女性従業員のみを「○
  ○ちゃん」と呼び、「○○ちゃんのお茶が飲みたいな」「○○ちゃんはい
  いお嫁さんになるよ」などと頻繁に発言している。他の女性従業員に対
  してはそのような親しげな言い方はしていない。そのような状況で、女
  性従業員数名から男性上司の言動は不愉快であるとの指摘が出た。

　書類審査担当による指導の事例では、注意は必要があるときにしているし、
言い方も「馬鹿」などの人格攻撃には及んでいないので、グレーゾーンといえ
ます。しかし、職員Aに「目が泳ぐ」という、うつの初期症状といわれる症状
(注意力・集中力の減退) がみられます。これを放置しておくと、休職、最悪

の場合は自殺といった大変なことになってしまう可能性がありますから、「職場を運営していくうえであってはならない状況」に至っているといえます。このような状況を把握した上長としては、これを放置せず、会社マターとして、職員Aと面談をして状況を把握したり、書類審査担当の上司に対する注意・指導を実施する、状況によっては異動を実施するなどの処置を視野にいれた行動が求められます（このような問題が人事の担当であれば、人事と相談する）。

　また、長時間立たされての叱責事例では、叱責された本人が納得しているかのような返答をしているため、会社としては動きにくいといえます。しかし、それで「ああ、本人がそう言っているのだから。」などと放置してしまったら大変なことになりかねません。パワハラでは、受け手の側に、ミスや不手際などの叱責を受けるきっかけがあることが多く、その場合には、受け手は「自分が悪い」「当然の叱責だ」と発言する傾向があります。そういう状況下で「正論攻撃」を受け続けたため、メンタルに不調をきたし、自殺してしまったという事案もあります（☞［コラム 25：グレーゾーンの指導が不幸な結果を招いた事例 2］）。ですから、このケースでは、本人が納得しているとしても、隣の課の人が心配して通報するほどなのですから、客観的にみれば、周囲の就業環境を害しているということはできるでしょう。「職場を運営していくうえであってはならない言動または状況がみられる」として、速やかに、行為者に対する注意・指導や受け手の執務状況の改善などの措置を講ずるべきでしょう。

　「○○ちゃん」の言動については、それだけでは職場におけるブラックなセクシュアルハラスメントといえないのが一般でしょう。もっとも、「○○ちゃん」は、心理的負荷による精神障害の労災認定においては、心理的負荷が「弱」の「セクシュアルハラスメント」に該当するとされていることは指摘しておきます（☞ 巻末資料 2 の表「心理的負荷による精神障害の認定基準」（平成 23 年 12 月 26 日基発 1226 第 1 号）からの抜粋を参照）。「ちゃん」づけなどのグレーゾーンのセクハラ（ジェンダーハラスメントともいえる）に、長時間労働等の他の心理的負荷が合わさって、総合的に「強」の心理的負荷を受けたと判断される場合もありえます。本件の場合は、ただの「ちゃん」づけではなく、上司が特定の部下を不公平に扱っていると疑われかねない不適切な言動ですし、実際に苦情も出ていますから、「職場を運営していくうえであってはならない言動」として、迅速に一定の措置を講ずることを考えてよいと思います。

　なお、巻末資料 2 の「心理的負荷による精神障害の認定基準」からの抜粋は、セクハラやパワハラによる心理的負荷の強度が「弱」「中」「強」の例に分けて

掲載されており、違法・不法なハラスメントといえるかどうかの判断をする際の参考になります。

[コラム22：あってはならない状況の例]

　参考までに、グレーゾーンの事例に限らず、裁判例の認定から、受け手が「あってはならない状況」に追い込まれている状態の例をみていきます。

徳島地判平 30.7.9（ゆうちょ銀行（パワハラ自殺）事件） ［☞ コラム25］

　Aが入社16年で異動した職場で上司から叱責を受けるようになった。異動から約1年8か月のころには、Aが他の従業員に「死にたい」と言うようになり、体重が15kg減少した（70kg→55kg）。Aは異動後約2年で自殺。

名古屋高判平 29.11.30（加野青果事件） ［☞ コラム39］

　女性従業員Vが高卒入社して約2年半経ったころから、勤務経験10年以上の先輩女性従業員2名によるパワハラが始まり、入社後3年で営業事務に異動した後も先輩女性従業員からパワハラを受けた。Vは異動から約2か月（入社から約3年2か月）で自殺した。

　Vには、食欲不振、易疲労感、活動性の減少、興味の喪失がみられるようになっていた。更に、髪もとかさず、春に冬物のブーツを履いて出かけるなど身なりに構わなくなった（興味と喜びの喪失）。他の従業員と話す際に目が泳いでいるようなときもあった（注意力・集中力の減退）。

東京高判平 27.1.28（サントリーホールディングスほか事件）

　上司がVを注意すると押し黙ってしまうようになった（Vの内心は、上司から注意を受けること自体が苦痛となり、上司に対して適切な対応さえできなくなり、仕事をやる自信をなくし、自分自身が惨めな感じを抱くようになり、精神的に追い詰められている状態だった）。その約1か月後に、Vが、うつ病に罹患して3か月の自宅療養を要するとの心療内科の診断書を提出して休職を願い出た。

　なお、休職の申出に対して、上司は、3か月の休養は有給休暇で消化してほしいこと、隣の部署への異動を予定しているが3か月の休みを取るなら異動の話は白紙に戻さざるを得ず、自分のもとで仕事を続けることになること、4日以内に異動ができるかどうかの返答をするようにと告げるという対応をしてしまった。そのためか、上司とのやり取りの約3か月後から約1年間にわたってVが休職し、復職した翌年には障害等級2級（日常生活が著しい制限を受けるか、または日常生活に著しい制限を加えることを必要とする程度のもの）と認定され、精神障害者保健福祉手帳の交付を受けた。

　判決は、上司の不法行為を認め、165万円（慰謝料150万円＋弁護士費用15万円）の支払いを命じ、会社の使用者責任も肯定した（連帯責任）。

福井地判平 26.11.28（暁産業ほか事件）　[☞ コラム 23]

　上司は、高卒入社後間もない正社員 V に対し、仕事上のミスに対する叱責の域を超えた人格否定、威迫の言動を繰り返した。V は、入社から約 5 か月で、自宅において笑顔がなくなり、いつも疲れたような難しい顔をするようになった。また、帰宅をしてすぐにソファに横になり、食事もとらず、風呂にも入らないでいることが多くなった。

　V は、入社後約 6 か月で部長に退職の申出をし、入社後約 8 か月で自殺した。

仙台高判平 26.6.27（岡山県貨物運送事件）　[☞ コラム 35]

　上司が、大卒新入社員の V に対して、一方的に威圧感や恐怖心、屈辱感、不安感を与える叱責をした。入社 6 か月後ころ（自殺直前）には、「今度何かやったら首だ。」等と告げて 15 分以上にわたり叱責した。

　V は、この叱責後の 2、3 日間は落ち込んだ様子を見せ、解雇や転職に対する不安を周囲に漏らすようになり、酒を飲んでから出勤するというそれ以前には見られない異常な行動を取るようになった。

　V は入社後約 6 か月で自殺した。

東京高判平 26.4.23（海上自衛隊事件）

　任官後初めて護衛艦に乗り込んだ若手 V に対し、先輩が暴行を加えた（10 回以上、平手や拳で顔や頭を殴打、足で蹴る。関節技をかける、エアガンで BB 弾を撃ち付ける）。また、恐喝もした（アダルトビデオを売りつけて代金の支払を強要等）。

　V は、護衛艦に乗り込んでから約 1 年で、同僚に対し、先輩に対する嫌悪感を募らせている様子を見せ、自殺の方法を調べて話すようになり、上司を「生まれて初めて殺してやりたいと思った。」とまで話していた。

　V は、この発言の 2 日後に自殺した。なお、V が所持していたノートの中には、先輩を絶対に許さない、呪い殺してやるといった、激しい憎悪を示す言葉などが書き連ねられていた。

［コラム 23：パワハラを受け手が受け入れてしまう例］

福井地判平 26.11.28（暁産業ほか事件）

（事案の概要）

　高卒後入社の正社員 V の指導を担当した上司 D によるパワハラの事案。

　D は、V の仕事の覚えが悪いことや上司が運転する車中で居眠をするなどしたことに苛立って「決壊点」を越えてしまい、「詐欺と同じ、3 万円を泥棒したのと同じ」「相手するだけ時間の無駄」「反省しているふりをしているだけ」「嘘を平気でつく、そんなやつ会社に要るか」「会社辞めたほうが皆のためになるん

じゃないか。辞めてもどうせ再就職はできないだろ」などと厳しく叱責した。

Vは、入社後約6か月で、上司に退職の申出をするようになり、入社後約8か月で、自宅で自殺した。

遺族が、Dと会社に対して損害賠償を請求して提訴した。

（判決について）

判決は、Dと会社に対し、約7,260万円（逸失利益約4,360万円＋死亡慰謝料約2,300万円＋弁護士費用等）の支払いを命じました（連帯責任）。

生前のVは、「自分がアホらしい」「辞めればいい、死んでしまえばいい」「少しはDさんの負担も考えてみろよ」など手帳に書いて葛藤していました。このように、正論攻撃型のパワハラを受けた被害者が、自分を責めてしまうというケースは多くみられます。しかし、そのときは納得していても、カウンセリングを受けたり退職するなどして、状況を客観的に考えることができるようになってから、自分が受けた言動の理不尽さに気づきます。それから被害を訴えて訴訟に至るケースもあります。

本人が自死を選んでしまった場合には、遺族が被害を訴えることになります。本件では、遺書の中に、社長や部長への感謝と謝罪の言葉が書いてありましたが、Dについては「多分社員の中で一番迷惑をかけてしまいました。直せと言われ続けていたのに、何も変われなくてごめんなさい、とりあえず私はあなたが嫌いです。大嫌いです。でも、言われ続けていたことに嘘はなかったです。」と書かれていました。この文章を目にした遺族の苦衷は察するに余りあります。

［コラム24：グレーゾーンの指導が不幸な結果を招いた事例1］

高松高判平21.4.23（前田道路事件）

（事案の概要）

［コラム7：不正経理を継続していた者に対する厳しい叱責が不法行為を構成しないとした判例］に掲載した判例

営業所長Xは、上司である部長から約1か月半にわたる厳しい注意・指導を受けて、営業所で自殺してしまった。遺書には、「怒られるのも　言い訳するのも　つかれました。自分の能力のなさに呆れました。…（部下に）力のない上司で申し訳ない。」等と記載されていた。

（判決について）

判決は、社会通念上許容される業務上の指導の範囲内の言動として不法行為を構成しないと判断しています。

もっとも、原審判決（松山地判平20.7.1）は、不法行為を認めて約3,100万円の支払を命じていました。裁判所の判断も分かれる、ブラックに近いグレーゾーンの事案といえます。

徳島地判平30.7.9（ゆうちょ銀行（パワハラ自殺）事件）

（事案の概要）

　入社約16年で事務センターに異動した男性従業員Aの業務処理が遅く、書類作成のミスも頻発していた。書類審査担当の主査2名が、ミスのたびに、Aに対して「ここのとこって前も注意したでえな。確認せえかったん。どこを見たん。」「どこまでできとん。何ができてないん。どこが原因なん。」「何回も言ようよな。マニュアルをきちんと見ながらしたら、こんなミスは起こるわけがない。きちんとマニュアルを見ながら、時間がかかってもいいからするようにしてください。」等と叱責した。Aは複数回、元の部署への異動を申し出るも、パワハラの申告はなく、このためか異動は認められなかった。

　Aは異動後約1年半で体重が15kg減少し（70kg→55kg）、同僚に「死にたい」と言うようになった。同僚はこのことを係長に伝えたが、係長は真剣に受け止めず対応しなかった。Aは、異動の約2年後に、実家に帰省した際に、妹に「一生職場から出られない」と嘆き、実家の居室で自殺した（43歳）。

　遺族が、会社に対して、使用者責任または雇用管理上の義務違反による損害賠償を請求して提訴した。

（判決について）

　判決は、主査2名による頻繁な叱責には業務上の必要性があり、叱責内容も人格的非難に及ぶものとまではいえないから、主査2名の言動は業務上の指導の範囲を逸脱し社会通念上違法とまでは認められないと判断して、主査2名の不法行為責任を否定しました（会社は連帯責任としての使用者責任は負わない）。

　他方で、判決は、Aの上司である係長がAの体調不良や自殺願望の原因が主査2名との人間関係に起因することを容易に想定できた以上、係長ら上司は異動を含めた対応を検討すべきであったのに、それをしなかったのだから、会社は安全配慮義務違反による損害賠償として、約6,142万円（逸失利益約3,582万円＋慰謝料約2,000万円＋弁護士費用560万円）の支払を命じました。

　本件は、実務に関わる者にとって示唆に富む判例です。

　パワハラの裁判は、原審と控訴審、上訴審で判断が分かれることが比較的多いので、徳島地裁の判断が絶対というわけではありません。この判決も、両主査の言動は「部下に対する指導としての相当性には疑問があると言わざるを得ない」と指摘しているので、事情によっては違法・不法なパワハラと判断される可能性はあると思います。しかし、主査2名の言動を不法行為とはしなかったこの判決が著しく不当とも思えません。本件は、主査のうち1名が、部下の指導に悩み、ストレス障害、自律神経失調症を発症してしまったそうです。上司である主査も「決壊点」のギリギリのラインで部下と向き合っていたようです。部下の指導を

特定の上司に任せっきりにしていると、本件のように部下も上司も不幸な結果になってしまうことがあります。

　また、勤務先でどのようなやりとりがあったかわからないご遺族としては、本件のような経緯をたどった場合、「真実を知りたい」等として訴訟提起するのも当然のことでしょう。しかし、訴訟になれば、会社としては自殺したＡのミスや主査2名の言動は相当なものであったことなどを主張しないわけにはいきませんから、その主張をみることになるご遺族としても辛い訴訟になります。

　本判決は、グレーゾーンの注意・指導（違法・不法なパワハラとはいえない）であっても、自殺にまで追い込まれてしまう従業員が出る場合があることを裏付ける事例です。

　そして、上司の言動は違法ではないという場合でも、対応を怠った使用者は、安全配慮義務（他の判例の用語だと職場環境維持義務や職場環境配慮義務）の違反により、損害賠償責任を負うと判断される場合があるのです。

　グレーゾーンの注意・指導をした上司も、結果的に不法行為責任は負わないと判断されるとしても、長期間の訴訟に付き合うことになります。

　また、訴訟においては、その上の上司（本件だと係長や課長）も、安全配慮義務を実施する担当者として、その対応の当否が問われ、証人尋問への出頭を求められたりすることになるのです。

(4) 緊急性を要しない場合の対応

　「当該職場を運営していく上であってはならない言動や状況」といえる場合は、対応に緊急性を要するといえますが、そこまでとはいえない場合でも、グレーゾーンの言動を放置するべきではありません。

　なぜなら、放置すると職場におけるブラックなパワハラや職場におけるブラックなセクハラに発展してしまうケースもありますし、違法でない言動によるストレスでも、それが蓄積すると受け手のメンタルに影響する場合があるからです。

　それに、よりよい職場環境を整備し維持するということを考えれば、グレーゾーンの言動が受け手や周囲に及ぼす影響は無視できるものではありません。

　また、グレーゾーンの段階で相談を受けて対応すれば、相談対応の効果が大きいということも重要です。ブラックなハラスメントが発生してから、相談を受けた会社が迅速に対応しても、被害感情が強いために自主的解決の努力が功を奏さず、訴訟にまで発展してしまうというケースは、しばしばみられます。ブラックなハラスメントが発生してから対応しても、時すでに遅しということがあるのです。グレーゾーンの段階で相談対応しておけば、話を聞いてもらった相談者の理解も得やすく、紛争の自主的解決の可能性が高くなるでしょう。

行為者にとっても、ブラックなハラスメントに発展してしまって重い懲戒処分を受けるよりもよいでしょう。

　ですから、会社としては、職場におけるブラックなパワハラや職場におけるブラックなセクハラといえるかどうか迷うようなケースでも積極的に相談対応するという方針にするべきです。パワハラにしろセクハラにしろ、相談を考える人の中には、「こういうことで相談してよいのだろうか？」と悩む方もいるそうです。しかし、悩むくらいなら相談してほしいと周知するべきです。

5　グレーゾーンにどのように対応するか

(1) 基本的には注意・指導

　グレーゾーンの言動は、違法・不法なハラスメントと断定できない言動ですから、行為者への対応にあたっては、懲戒処分は一般的には困難といえます。

　このため、行為者への対応の中心は、注意・指導ということになります。

　もちろん、グレーゾーンの言動に対し、問題点を指摘して注意・指導しても行為者が繰り返すような場合は、行為者に対して戒告やけん責といった比較的軽い懲戒処分をすることは考えられます。それでも言動が改まらなければ、減給や出勤停止の懲戒処分をしたり、場合によっては普通解雇をするというように段階をあげていくことは許容されるでしょう（ただし、懲戒解雇はかなりハードルが高いと思います）。

☞ 事例としては、［コラム 16：モラハラと問題社員］を参照

(2) 糾弾の対象ではなくコミュニケーションの対象

　注意・指導の受け手が不快に感じる言動のすべてを「ハラスメント」であるとして糾弾するのでは、言葉狩りのようになってしまいますし、おそらく職場環境は寒々としたものになってしまうでしょう。

　それに、職場におけるブラックなパワハラや職場におけるブラックなセクハラ、職場におけるブラックな妊娠・出産・育児休業等に関するハラスメントといえるためには、「就業する上で看過できない程度の支障が生じる」言動であるとか、「客観的な業務上の必要性や社会通念上の相当性が認められない」言動であるという要件があり、一定の高さのハードルを乗り越える必要があることについては、既に説明したとおりです。

　ですから、グレーゾーンの言動は、<u>糾弾の対象というよりも、よりよい職場</u><u>にするためのコミュニケーションの対象である</u>と考えるべきでしょう。

　そこで、職場においては、ハラスメントに関する理解を深めて、「就業する上で看過できない程度の支障が生じる」言動や「客観的な業務上の必要性や社会通念上の相当性が認められない」言動が「職場におけるブラックなハラスメント」に該当するのであって、<u>受け手が主観的に「不愉快」と感じるレベルでは、</u><u>職場におけるブラックなハラスメントとはいえない</u>のだという共通認識を持つようにするべきです。

　そのうえで、職場におけるハラスメントとはいえそうにない言動や、職場におけるハラスメントかどうかの判断に迷うような言動、すなわちグレーゾーンの言動であっても、放置すると良好な職場環境を害することにつながりかねないものはあることから、グレーゾーンの言動は、糾弾の対象というわけではないが、「よりよい職場環境のために対応すべき問題」と捉えようという認識を職場で共有したいところです。

　そのような共通の認識をもつために、会社が告知をしたり、研修をしたり、意識的にコミュニケーションをとったりしていくことで、<u>グレーゾーンの言動</u><u>をしている従業員が自分で気づくのがベスト</u>だと考えています（自己点検）。

(3) 注意・指導に際しての留意点

　上長として、ハラスメントの言動をしているとされる従業員を注意・指導する場合、特にグレーゾーンの言動の場合は、慎重に対応する必要があります。

　なぜなら、グレーゾーンの言動は、違法・不法とは断定できない言動ですし、行為者に悪意がなかったり行為者が無自覚であることが多いからです。また、叱責の原因となるような部下の言動（繰り返すミス、反抗的な態度など）があり、上司の側もストレスを感じながら部下に接している場合も多くあるからです。

　このような場合に、行為者を頭ごなしに注意すると、行為者が素直に受けいれることができず、問題が複雑化してしまうことがあります。頭ごなしに注意されたために、「私の言い方が違法だとでもいうのですか。そういう言い方こそパワハラじゃないですか」と訴えてきたケースもあります。<u>正しいことであっ</u><u>ても、頭ごなしに指摘されると素直に受け入れることができない</u>という性質が人間にはあるようです。

　したがって、グレーゾーンの行為者に注意・指導等をするにあたっては、行為者が問題点を意識できるように行う配慮が求められるのです。

すなわち、時間と手間がかかる覚悟が必要です。

　なお、グレーゾーンの中には、受け手の「過剰反応」と思われるものもあります。このような場合に、受け手の勢いに押されて一方的に上司を諌めるようだと、上司の側がモチベーションをなくして部下指導を放棄するということにもなりかねません。「過剰反応」への対応は簡単ではありません。行為者の言動を職場におけるハラスメントと評価するのは難しいと理をもって説明しても納得せず、あくまでも行為者の退職を求めるといったクレーマー型の相談があるのも事実です。この場合は、相談者対応が必要になりますが、グレーゾーン対応と同様に、時間と手間がかかるという覚悟が必要です。

☞ 過剰反応への対応等については、6（6）「気をつけても避けられない軋轢」を参照

6　ハラスメントをしないために個人として意識したいこと

　グレーゾーンは、従業員が自分で気づくのがベストです。つまり、自己点検で改善していくのが望ましいといえます。

　そこで、以下に、良い職場のための自己点検のヒントになると思われる注意点、意識したいことを説明していきます。

（1）人格価値と関連のない関係性に基づいて、相手を軽くみる態度をとっていないか

　職場におけるハラスメントの要因として一番大きいと思われるのは、職務上の上下関係、正社員と非正規社員の関係、男性・女性、勤務成績、年齢などに基づいて相手を軽くみて接することだと思います。

- 上司や同僚には到底使えない言葉を部下や非正規社員に使っていないでしょうか？
- 社外の人であれば絶対しないはずのことを同僚や部下にしていないでしょうか？

　これらに該当する方がすべて職場におけるハラスメントをする方というわけではありませんが、例えば、上司には丁寧語で接するのに部下や派遣社員に対しては「おい！」とか「お前」などという言葉をつかう人が、そのふるまいについて無意識または「そんなに気をつかっていたら仕事なんてできない。」というような意識をもっているとしたら、どこかで地雷を踏むというリスクを抱えていると思ってください（少数とはいえ我慢しないで訴訟等に訴えてくる人が

出てくることがある）。

　悪ふざけ型のセクハラに関しては、例えば、親しい中でファミリーのように付き合っていると思っている相手であっても、お酒に酔った勢いで抱きついたりするのはアウトです。社外の人に対してはそんなことをしないはずです。例えば、社内の懇親会でお酒が入って盛り上がって、男性従業員が女性の同僚に抱きついたと思ったら、隣で飲んでいたグループの女性だった…ということがあったら、最悪、逮捕されてしまうでしょう。職場の親しい中であっても、職場はファミリーではなく「公的な場」という意識を持たなければなりません。どんなに親しそうにしていても、どんなに盛り上がっていても、社外の人にしない言動を社内の人にするべきではありません。

　そもそも、「親しい」「ファミリーのように接している」というのは、特に上司と部下のように優越的な関係が認められる場合は、優位に立っている側がそう思っているだけで、実際には、劣後の立場にある者はやむを得ず同調していただけということは、多いと思います。

　いろいろと指摘しましたが、結局のところ、明確に相手の人格を尊重して相手に接していれば、多少は厳しい発言やくだけた発言をしたとしても、職場におけるパワーハラスメントや職場におけるセクシュアルハラスメント等に該当する言動にはならないはずです。そして、「明確に相手の人格を尊重した接し方になっているか」の自己検証ができていない場合に、ハラスメント紛争のリスクを抱えることになるのだと思います。

[コラム 26：派遣社員の人格を軽視して侮辱型のセクハラに及んだ裁判例]

最判平 27.2.26（海遊館事件）

（事案の概要）

　正社員の課長代理 D が、30 代前半の女性派遣社員 V に対し、次のような発言を 1 年余にわたって行った。

- 「30 歳は、二十二、三歳の子から見たら、おばさんやで。」「もうお局さんやで。怖がられてるんちゃうん。」「精算室に V さんが来たときは 22 歳やろ。もう 30 歳になったんやから、あかんな。」
- 「30 歳になっても親のすねかじりながらのうのうと生きていけるから、仕事やめられていいなあ。うらやましいわ。」
- 「毎月、収入どれくらい。時給いくらなん。社員はもっとあるで。」「お給料全部使うやろ。足りんやろ。夜の仕事とかせえへんのか。時給いいで。したらええやん。」「実家に住んでるからそんなん言えるねん、独り暮らしの子は

結構やってる。MPのテナントの子もやってるで。チケットブースの子とか
もやってる子いてるんちゃう。」
- 具体的な男性従業員の名前を複数挙げて、「この中で誰か1人と絶対結婚し
なあかんとしたら、誰を選ぶ。」、「地球に2人しかなかったらどうする。」
と聞いた。
- セクハラに関する社内研修を受けた後、「あんなん言ってたら女の子としゃ
べられへんよなあ。」、「あんなん言われる奴は女の子に嫌われているんや。」
という趣旨の発言をした。

　Dの発言は、派遣社員や女性、年齢という、本来その人の人格とは無関係の関
係性に基づいて、相手の人格を軽くみることから出たものだと思います。社内研
修後のDの発言も、自己検証しないまま自分は許されていると勘違いするとい
う、痛すぎる発言です。
　ちなみに、Dは、会社から出勤停止10日の懲戒処分と降格の人事処分を受け
たのに対し、懲戒権・人事権の濫用で処分は無効だと主張して訴訟提起していま
す。主な理由は、Vが明確な拒否をしておらず、Vから許されていると誤信して
いたのに、重い出勤停止等の処分は酷に過ぎるというものでした。
　最高裁判決は、Dの言動について、「女性従業員に対して強い不快感や嫌悪感
ないし屈辱感等を与えるもので、職場における女性従業員に対する言動として極
めて不適切なものであって、その執務環境を著しく害するものであったというべ
きであり、当該従業員らの就業意欲の低下や能力発揮の阻害を招来するものであ
るといえ、その職責や立場に照らしても著しく不適切なものといわなければなら
ない」と評価しました。
　そして、Vから明確な拒否の姿勢を示されていなかったとしても、そのような
事情をDに有利な事情として斟酌すべきではないと述べ、出勤停止・降格の処
分は権利の濫用とはいえないとして、課長代理の請求を棄却しました（被害者が
明確な拒否の姿勢を示していなかったことの評価については、[コラム34：明確
な拒否がなかったことを行為者に有利な事情として斟酌すべきではないとした判
例]]　を参照）。

(2) 感情をコントロールする意識をしているか（パワハラ）

　相手の不手際に接して、自分の感情をコントロールする意識をしてみるとい
うのは、「決壊点を越えた」パワハラを予防するために大切なことです。

［コラム 27：感情をコントロールする意識に関する工夫］

次の工夫が考えられます。

① 感情を意識してみる（立ち止まってみる）

　ⅰ 自分の感情に気づく（客観的な視点をもつ）

　ⅱ 気づいた自分の感情を受け入れる（否定しない）

　　☞ 自分の感情について、「大人げない」「よくない」という否定的な評価をするのではなく、「イライラしてるんだな」というように率直に受け止めることで、冷静になることができます。否定的な評価をすると、「いけない、いけない」と我慢していたものの、やがて決壊点を越えて暴言を吐いてしまうという場合がありえます。なお、普段から自分の感情に気づいて受け入れるという訓練をする見地からは、怒り・イライラの感情だけでなく、喜びの感情も「楽しいんだな。」というように率直に評価するように意識することが望ましいといわれています。

　ⅲ 感情の原因を自分に問いかけ、確認してみる

　　☞ 「なんでイライラしてるんだろう？」「何がきっかけだったのだろう？」というように、感情の原因を確認してみるくせをつけると、感情に飲み込まれにくくなるといわれています。

② 感情的になったと気づいたときのルールを決めてみる

　ⅰ 深呼吸する

　ⅱ その場から離れる

　ⅲ 一旦保留して考えるのをやめる　など

③ 相手に伝える際に意識してみることの例

　ⅰ 「正しいこと」を「正しくない方法」で伝えていないか

　ⅱ 「叱る」と「怒る」の区別ができているか

　　☞ 「叱る」と「怒る」はほとんど同じ意味で用いられていますが、「叱る」の第一次的な意味は教育的な面、「怒る」の第一次的な意味は感情的な面があるそうです。

　　　（大辞林 第3版より）。

　　　　叱る：①（目下の者に対して）相手のよくない言動をとがめて、強い態度で責める。「子供のいたずらを－・る」　② 怒る

　　　　怒る：①腹を立てる。立腹する。いかる。「真っ赤になって－・る」②叱る

　　　自分の子に対して、「怒る」ではなく「叱る」を意識して接してはどうですかということがいわれたりしますが、仕事の場でも同じことがいえると思います。

（3）価値観の違いを自覚しているか（パワハラ）

　職場では様々な価値観を持つ人が働いています。

　「仕事で成果を出すべき」に対して「家族との生活を優先すべき」、「仕事第一」に対して「趣味第一」、「男性なんだからしっかりしてほしい」に対して「男性だからって頼られたくない」など。

　かつての我が国では、仕事を中心にした価値観である程度職場が統一されていたといわれますが、今はそうではありません。また、例えば、正社員よりも待遇が劣るものとされてきた「非正規社員」（派遣社員や契約社員など）に対して、正社員と同様の仕事に対する考え方を持つことを求めるのは間違っています。正社員についても、「働き方改革」が進み、ワークライフバランスの考え方が浸透しています。

　このため、職場には様々な価値観の人がいるという前提で相手に接しないと、人間関係の軋轢を生むことがあります。

　例えば、仕事の価値を第一とする上司が、そのような価値観を持っていない部下に対して「そんな甘い考えで仕事なんかできるか！」と怒鳴っても、部下はストレスしか感じないということになりかねません。仕事が間に合わないから相手の状況も考えずに仕事を命ずるというのも、仕事中心の価値観であれば、仕事が終わらないのだから当然となるのかもしれませんが、違う価値観の人にとってはそれはストレスになる場合があります。

　念のため言っておきますが、人生において仕事重視の価値観を持つことが間違いだと言いたいのではありません。自分の価値観とは違う価値観を持つ相手に対して、自分の価値観に基づく言葉を何の配慮もなしに投げかけると、相手はストレスを感じる場合があるという事実を指摘したいのです。その事実に目をつぶって自分の価値観に基づく発言を相手にぶつけ続けると、それが「正論攻撃」となり、相手がメンタルに不調をきたしてしまって、訴訟沙汰などのリスクを引き受けることになるでしょう。

（4）「あるべき姿」の共通理解があるか

　価値観の違いの自覚と通ずるところがありますが、職場における「あるべき姿」の共通理解があるかという意識も重要です。

　自分の側の「あるべき姿」からの発言（「べき」「当然」「常識」「当たり前」）は要注意といえます。例えば、「これくらい、社会人としての常識でしょ」といった発言です。

　そもそも、職場における「常識」は、一定の領域における「ローカルルール」に過ぎないことが多いものです。

　例えば、役所関係の仕事をしていると、「印鑑」への強いこだわりを感じることがあります（「契約書と同じ印で、請求書や報告書なども押印するのが当然ですよ。」など）。しかし、押印は我が国のローカルルールですし、新型コロナウィルス感染症対策としてテレワークが進んだ今となっては、我が国においても、押印のために出社するのはナンセンスだという意見が強くなりました。このように、「常識」は、ローカルルールに過ぎないだけでなく、時代とともに変化していきます。それなのに、自分の常識を相手にそのままぶつけると、相手はストレスを感じることになります。

　職場でも、発言者と受け手の間に「あるべき姿」の共通理解がない中で注意・指導が行われ、「これくらい社会人としての常識でしょ」などと頭ごなしに言われると、受け手は、強いストレスに感じたり、注意・指導の内容よりも非常識な人間のように言われた印象の方が残ってしまう場合があります。

　相手が職場としての「あるべき姿」を理解していないのであれば、よほどの「非常識」でない限り、「あるべき姿」を説明して伝える労を取るのが無難といえます。そこまでしなければならないのかという反論もあるかと思いますが、「あるべき姿」の共通理解がないまま、自分の「あるべき姿」に基づく発言を相手にぶつけると、相手はストレスを感じる場合があるという事実がある以上、そのことは意識しておくべきだと思います。

　そのうえでどの程度の対応をするのかは、管理職としての技能の問題だと思います。

(5) 抽象的な表現を使っていないか
　指示や注意・指導に際して、抽象的な表現ではなく具体的に伝えるという工夫もよく指摘されるところです。

　「暴君型」のパワハラ上司の多くは、「こんなの出しやがって。」というレベルの抽象的な表現で書類を突き返したりします。過剰に部下の忖度を求めて「それくらいのこと、俺に聞いてくるなよ。」と言うかと思えば、部下が自分なりに判断した行動が気にくわないと「勝手にやりやがって。」と言って責めるため、部下が上司の顔色ばかりを窺うようになってしまうというケースもあります。

　そこまでの例は少ないとしても、上司－部下の関係に限らず、「どうしてほしいのかを具体的に伝える」ことは大切です。「ちゃんと報告してください。」だ

けで終わりにするのではなく、「まずは結論から伝えて、理由や意見などはそのあとに言うようにしてもらえますか。」と伝えるといった工夫です。

　また、人は「なぜ」「何のために」が理解できないと動かないという指摘もあります。例えば、会議直前に集合する者に対し、「会議室には早めに集合して。」というだけでなく、「あらかじめ資料に目を通してほしいので、10分前には会議室に集合しておいてください。」というようにするといった工夫が必要になります。

　残念ながら、このような工夫は、「これをすれば万事問題なし」という方法ではありません。人間関係の問題は一つの工夫ですべてを乗り切れるものではありません。しかし、これまで説明してきたことを意識して行動することで、かなりのリスクは回避できると思います。

（6）気をつけても避けられない軋轢

　管理職研修で、管理職の方から、「何でもかんでもパワハラといわれては上司として何もできなくなる。」と言われたり、「やってほしいことを指示しても、シレっとやっていない。こういう部下にどう対応したらいいのでしょうか。」といった質問を受けることがあります。

　このような質問に対しては、指示や注意に客観的な業務上の必要性があり、受け手の人格を尊重した言い方をしていればパワハラとされることはない。つまり、ハラスメントとなる場合は、相応のハードルがあり、部下の人格を尊重しつつ対応すれば問題になることはほとんどないため、自信をもっていただきたいと回答しています。

　もちろん、グレーゾーンの問題はあります。そこで、管理職の人は、（1）〜（5）で説明した「個人として意識したいこと」を参考にして、自己点検しなければなりません。人格を尊重して接していると言いながら、自己点検もせずに社員間のやり取りにおける許容範囲を越えた言動をする「勘違い上司」にならないように努めていただきたいところです。

　ところが、パワハラ問題には、上司の側で努力・自己検証しても解決できない場合、つまり、上司の言動には問題がないのに部下が「過剰反応」してしまうというケースがあります。

　上司が、業務上の必要性に基づいて、しかも社会通念上相当といえる言い方で部下に業務を指示しても、部下が指示に従わなかったり、反抗的態度を示したりするため、上司が強めに指示や注意をすると、「パワハラを受けた」と主張

されるようなケースです。上司には、部下に対して指示したり注意・指導する権限があるのですから、そのような問題は、上司の職責として対応すべきことであるというのが原則です。多くの場合は、客観的な必要性があり、言い方も社会通念上相当といえるものであれば、多少強く部下を叱責しても、部下の方で、ある程度は理解・納得して、紛争にならないものです。

　しかし、一部に、上司が部下と「膝を突き合わせて」、または長期間にわたる忍耐をしつつ、部下と向き合う努力をしてきたのに、指示や指導の意味を理解・納得してもらえずに紛争化し、会社が自主的解決の努力をしても功を奏することなく訴訟になってしまったといえるケースがあるのも事実です。「問題社員」のリスクの一類型ともいえます。残念ながら、このようなリスクは、軽減することはできるものの、ゼロにすることまではできないようです。人を雇用することに伴って避けることのできない「雇用リスク」の一つだと思います。

　雇用リスクは、リスク回避（雇用しないという決定によってリスクをなくす）という選択はできないのが一般ですから、グレーゾーンの発生を防止するための措置を含む、より良い職場を意識的に構築・維持する試みによって、リスクの低減（軽減）に努めていくことになります。

　例えば、職場におけるハラスメントの共通理解を進めるのは有力な措置になります（職場におけるハラスメントとなるには相応のハードルがあることの理解を進めるとともに、グレーゾーンであっても自己点検やコミュニケーションの対象とすることで、より良い職場環境を維持しようとする理解を共有する）。また、意識的にコミュニケーションをとる社内風土を醸成するというのも、ありきたりですが効果的です。このほかに、採用時に人物を注意深く判断する（難しいことではありますが）、社風を明確にして採用時にそのことを伝えて理解してもらったうえで入社してもらうなどが考えられます。

　なお、雇用リスクをゼロにすることはできないと思われる事例を、必ずしもハラスメントの事案とはいえないものも含め、以下に掲載します（［コラム28］［コラム29］）。上司や会社が一定の対応努力をしているので、一般的にみれば、受け手の従業員が訴訟を諦めるとも思えるのですが、訴訟にまでなってしまっています。

　訴訟に付き合う労力・時間等を考えると、請求が棄却されたから問題はないとはいえないでしょう。雇用リスクといえます。

［コラム28：雇用リスク事例：自己評価に関する軋轢の事例］

東京地判平29.1.26（SGS ジャパン事件）

（事案の概要）

　第三者認証機関として認証サービス業務を行う会社で、審査員職をしていたX
が、入社約2年で不眠症状を訴え、うつ病を発症し休職した。Xは、入社後間も
なくから行われた上司によるパワハラが原因であるとして、会社に対して損害賠
償等を請求して提訴した。

　Xが主張した上司のパワハラは、審査に関する法の解釈適用の見解を異にし、
論争した／Xは審査対象会社を審査不適合と判断していたのに、上司がその判断
を採用しなかった／無意味な業務を創出してXに担当させた／Xの担当でない
トレーニングを命じた／等であった。

（判決について）

　判決は、パワハラに関するXの主張は、認めるに足りないか、Xの主張通り
であったとしてもパワハラや嫌がらせと評価できないものであるとして、Xの請
求を棄却しました。なお、判決には、Xは「自己評価に固執し、自己中心的な主
張をしており」との指摘もみられます。このようなタイプの従業員対応の難しさ
がうかがえる事案です。

東京地判平26.8.13（日本アスペクトコア事件）

（事案の概要）

　求人募集サイトを見て業務内容を単純労務であると思い応募して採用されたA
の有していたスキルや経験と、上司が必要としていたそれとの間に、一定の乖離
が存在していた。求められているスキルの高さを伝えられたAは、上司に「今
は難しい」と言ったところ、上司がAに対し「前向きではない。頑張りますな
どと言いなさい」などと叱責し、その翌日には「もうデザイン業務はやらなくて
いい」と言った。

　Aは、「もうデザイン業務はやらなくていい」「Aさんってオツムの弱い人かと
思ったよ」等のパワハラ言動を受けたと主張して、上司と会社に対して損害賠償
を請求して提訴した。

（判決について）

　判決は、上司が否認した言動（「Aさんってオツムの弱い人かと思ったよ」等）
については、Aの供述以外にAの主張を裏付ける客観的な証拠もないとして認
定しませんでした。

　また、上司の部下に対するパワハラの言動が不法行為を構成するのは、上司が
「職務上の地位・権限を逸脱・濫用し、社会通念に照らし客観的な見地からみて、
通常人が許容し得る範囲を著しく超えるような有形・無形の圧力を加える行為を
したと評価される場合」に限られると述べたうえで、そもそもAの主張すると

ころをもって不法行為が成立しうるものといえるのか疑問であると述べ、Aの請求を棄却しました。

東京地判平 29. 2.22 (NEC ソリューションイノベータ事件)

（事案の概要）

　システム開発業務を希望していた従業員 X は、次のとおり、長年にわたる著しい勤務不良が続き、勤務態度にも改善・向上の見込みがないと評価されてもやむを得ない状態であった（裁判所の評価）。

- 入社16年目で入社5年目相当の3級職（その後2回降格）
- 入社23年目以降は、人事考課も ABCD のうち C か D がほとんど
- リサイクルセンターでの業務を指示するも拒否
- 情報セキュリティ関連の国家資格取得を勧めるも2回受験し不合格
- 入社31年目には、業績悪化による早期退職者募集制度への応募を勧奨するも拒否。／開発業務を指示するも、工程通りに開発できず打ち切り。／そこで社外へ在籍出向するも、勤務状況不良で現場メンバーへの負担が大きすぎるとして出向打ち切り。／業務サービス統括部で宛名印字ツールの分析作業を行わせるも、同僚との意思疎通を欠き頓挫。
- 入社32年目に、再度在籍出向を指示し、労組委員長同席のもとで2回面談して説得するも拒否。このため、会社は、就業規則の「はなはだしく能力の劣る場合」等に該当するとして、6か月間の予告期間をおいて解雇

　X は、解雇は権利の濫用であり無効と主張して訴訟提起した。

（判決について）

　判決は、本件解雇は客観的に合理的な理由を有し、社会通念上相当と認められるとして、請求を棄却しました。

　会社は長年にわたって状況改善の対応をしてきていますし、解雇予告期間も破格の6か月ですから（法定の予告期間は1か月）、ここまでやれば、多くのケースでは、従業員は自分の状況を受け入れると思います。本件は、回避できない雇用リスクが発現してしまった事例といえるでしょう。

［コラム29：雇用リスク事例：問題社員の事例］

東京高判平 14.9.30 (鹿島リノベイト事件)

　［コラム16：モラハラと問題社員］に詳細を記載した事例。

（事案の概要）

　中途採用の従業員 X が、上司に対し「あなたは頭が悪いのではないの」と発言する等したため、けん責処分。それにもかかわらず、X が職場内の雰囲気を乱す言動をしたため、2回目のけん責処分。ところが、X は、2回目のけん責処分の始末書を提出せず、上司が提出を促しても平然と「やっていません」と回答し

て3回目のけん責処分。3回目のけん責処分の通知書を上司がXに手渡すと、シュレッダーに投入して4回目のけん責処分となり、普通解雇。

Xは解雇の無効を主張して訴訟提起した。

（判決について）

一般的には手順を踏んで解雇に至った場合には、解雇された労働者は、納得するかどうかはともかく、受け入れることが多いと思われますが、Xは訴訟提起しました（判決は請求棄却）。

この事例は、普通解雇の前に減給や出勤停止などの懲戒処分をしておいた方がよかったかもしれません。（☞［コラム16：モラハラと問題社員］）

広島高裁松江支判平21.5.22（三洋電機コンシューマエレクトロニクス事件）

（事案の概要）

同僚を中傷したり、会社の役員に対して脅迫的言辞を用いて会社の施策を妨害・中止させようとした有期契約社員Zに対し、注意・指導のため面談した課長が、Zがふて腐れて横を向くなどの不遜な態度をとり続けたために、感情的になって大きな声を出して叱責し、「いいかげんにしてくれ。本当に。会社が必死になって詰めようとしていることを何であんたが妨害するんだ。そうやって。裁判所でもどこでも行ってみい。」「あなたは自分のやったことに対して、まったく反省の色もない。微塵もないじゃないですか。会社としては、あなたのやった行為に対して、何らかの処分をせざるを得ない」「何が監督署だ、何が裁判所だ、自分がやっていることを隠しておいて、何が裁判所だ。とぼけんなよ、本当に、俺は、絶対許さんぞ。」などと発言した。

会社も、契約更新の際に「懲戒事由に該当する行為が見受けられた場合は、…譴責以上の懲戒処分を下す。当該事由の程度によって判断するが、即時懲戒解雇も有り得る。」等と記載した覚書に署名押印を求めた。更に、当該契約社員が出向する直前の待機期間中に、通常の業務がないことから、次の職場でも問題行動を起こさないために社内規程類の理解を促そうとして、社内規程類を精読するように指示し、5日間にわたり会議室で社内規程類を精読させた。

これらの上司と会社の言動・処置に対し、Zが、パワハラによる不法行為による損害賠償等を主張して、上司と会社を被告として訴訟提起した。

（判決について）

高裁判決は、課長の言動は不法行為を構成するとしつつ、慰謝料の額は「相当低額で足りる」として、10万円の損害賠償を命じました。一方、会社による処置については、不法行為を構成しないとして請求を棄却しました。

この事案も問題社員対応の事案といえますが、課長が（おそらく契約社員に煽られて）感情的になって人格を攻撃する内容の言動をしてしまったのが残念です。

最判平22.5.25（小野リース事件）

（事案の概要）

　営業部次長として中途雇用され、約7年の勤務で営業部長、統括事業部長を兼務する取締役に就任した従業員Xが、採用後間もなくから、酒に酔った状態で出勤する。／勤務時間中に居眠りする。／社外打合せと称して嫌がる部下を連れて温泉施設で昼間から飲酒する。／取引先の担当者も同席する展示会の会場で呂律が回らなくなるほど酔ってしまう。／などの問題を起こしてきた。Xの勤務態度や飲酒癖については、従業員や取引先から会社に対して苦情が寄せられていた。ところが、社長は、Xに対して、飲酒を控えるよう注意するも、はっきりとした注意・指導ができず、昇進させてきた。しかし、Xが取引先との打ち合わせの日に飲酒のため出勤せず、取引先の紹介元である大口取引先の代表者が激怒し、Xを解雇するよう求めてきた。社長がXに電話しても、Xは酒に酔った状態で「（自分を）辞めさせたらどうですか。」と述べるなど、反省の様子がないため、社長はこれ以上かばいきれないと思い、普通解雇した。

　Xは、解雇は権利の濫用であり無効と主張して訴訟提起した。

（判決について）

　原審（仙台高判平.21.7.30）は、本件欠勤まで、はっきりと注意や指導をしておらず、かえって昇進させ、自分の問題点を自覚させることができなかったことや、取締役の解任，統括事業部長の解職，懲戒処分など、解雇以外の方法を講じて勤務態度の改善を図る機会を与えていないとして、解雇は権利濫用であり無効として、Xの請求を認めました。しかし、最高裁は、Xが入社直後から幹部従業員であり解雇時には取締役の地位にあったことや、勤務態度の悪質さの程度、社長が注意しても飲酒を控えなかったこと等に照らし、自ら勤務態度を改める見込みも乏しかったとみるのが相当であることなどから、本件欠勤を契機として本件解雇をしたことはやむを得なかったものとして、本件解雇が著しく相当性を欠くものということはできないとして解雇を有効と判断し、Xの請求を棄却しました。

　本件は、会社（社長）が、Xに対する適切な対応を怠ったために、Xが増長し、訴訟にまで至ってしまった事案といえるでしょう。本件はXの行為があまりにひどいために最高裁でかろうじて解雇有効とされましたが、問題社員に毅然とした対応をしなかったために、リスクが拡大してしまった事案といえるでしょう。会社側が問題社員への我慢を続けていて、我慢の限界を超えて解雇したものの、その前に言動の改善を促す注意・指導や解雇より軽い懲戒処分など（解雇回避措置）をしていなかったために、訴訟では解雇は社会通念上の相当性を欠き権利の濫用であって無効と言わざるを得ないと判断されてしまった事例であります。

　本件は、社外打合せ等と称し嫌がる部下を連れて温泉施設で昼間から飲酒するというのは、部下にとってはパワハラ（過大な要求）といえるでしょうから、従業員から苦情が寄せられた段階で対応できたはずです。また、取引先の苦情まであったのですから、昇進させるなど論外です。会社としては、高裁判決が指摘す

るように、懲戒処分や人事上の降格など、解雇の前に措置を講じ、改善されないから解雇するという手順を踏んでおくべきでした。

7　気を付けるべき職場の傾向（パワハラ）

　グレーゾーンを含め、職場におけるハラスメントを防止するために役立つ情報として、パワハラが発生した職場にみられる傾向について述べておきます。

　以下の傾向がみられる職場が必ずパワハラの職場というわけではありませんが、以下の傾向がみられる場合には、その傾向を解消する措置を講ずるか、解消できないまでも意識的に対処することが望ましいといえるでしょう。

● 上司と部下のコミュニケーションが少ない

　ありがちなだけに注意しなければならない傾向です。

　なお、もちろんのことですが、コミュニケーションは「仲が良い」と同義ではありません。部下と仲が良いと上司が思っていても、部下の側は上司に合わせているだけという場合もあります。6の「ハラスメントをしないために個人として意識したいこと」が意識できていて、業務上の意思疎通が円滑に行われていることが、コミュニケーションが円滑にできている状態といえます。

　部下の側もコミュニケーションを意識しなければならないことは、もちろんのことです。報・連・相（報告・連絡・相談）を心掛けるとか、報・連・相には、疑問点や自分の意見を整理したうえで臨むことなどです。

● 失敗やミスへの許容度が低い／成績を重視する

　このような職場では、結果・成績をもって従業員の能力を否定したり、結果・成績があがらない場合の適切な教育的指導をせずに叱責するようなパワハラが発生する可能性があります。

　また、このような職場に職場での地位や成績などで態度を変える従業員がいると、成績とからめて侮蔑的な発言をするパワハラが起こりやすくなるといえます。

[コラム30：成績を重視する環境での悪質なパワハラ事例]

東京地判平27.8.7　（三菱地所リアルエステート事件）

（事案の概要）

担当役員補佐兼流通営業部長D（理事・8等級）らが部下に対し、「12月末までに2,000万やらなければ会社を辞めると一筆書け」「会社に泣きついていすわりたい気持ちはわかるが迷惑なんだ」「だめなら退職の手続だな、これは時間がかかるけど。パワハラで訴えるか」などと叱責し、「今期2,000万円やります。・・・できなかったら辞めます。」と書かせたり、「（子供の年齢が10歳であると確認し）それくらいだったらもう分かるだろう、おまえのこの成績表見せるといかに駄目な父親か」と言った。この部下のほかにも部下6名が厳しい叱責を受け、カウンセリングを継続的に受ける状況に陥った者もいたが、パワハラの相談をした者はいなかった。

会社が従業員全員に対してコンプライアンスアンケートを実施したところ、多数のパワハラの指摘があり発覚した。事実確認を実施した会社は、Dに対し降格の懲戒処分をした（副理事・7等級とし、担当部長にする）。

Dは懲戒処分を懲戒権の濫用で無効であると主張して提訴した。

（判決について）

判決は、「成果の挙がらない従業員らに対して、適切な教育的指導を施すのではなく、単にその結果をもって従業員らの能力等を否定し、それどころか、退職を強要しこれを執拗に迫ったものであって、極めて悪質」なパワハラであり、降格の懲戒処分は相当であるとして、部長の請求を棄却しました。

● 正社員と正社員以外の従業員が一緒に働いている

このような職場に、職場での地位、年齢、性別などで態度を変える正社員がいると、正社員以外の従業員（契約社員・パート社員・アルバイト社員・派遣社員など）に対して侮辱的な発言や女性蔑視の発言をするといったパワハラ・セクハラが起こりやすくなるといえます。

● 忙しすぎる

時間外・休日労働が多い、休みを取りにくいといったブラック企業タイプの職場もハラスメントが発生しやすいといえます。

心に余裕がなくなるので、ハラスメントの被害を受けている者から自分に飛び火するのを避けるために、ハラスメントを見て見ぬふりして「見殺し」にするケースもあります。

● **部下の指導を直属の上司に任せきりにしている**

　部下のミス・不手際に対して、耐えながら指導していた上司が我慢の「決壊点」を超えてハラスメントに及ぶ危険があります。直属の上司が、決壊点を越えないまでもネチネチとした正論攻撃を続けていると、追い詰められた部下がメンタルヘルスに不調をきたしてしまう危険もあります。

　直属の上司が決壊点を越える前に、また、部下がメンタルヘルスに不調をきたす前に、さらに上位の者が調整に入ったり、異動を実施したりする必要があるでしょう。

● **他部署や外部との交流が少ない（職場が閉鎖的）**

　こういう職場では、暴君型のパワハラや、いじめ型のパワハラ、特定の女性従業員をターゲットにしたセクハラなどが発生する危険があります。外部の目は、ハラスメントの抑止にとっては重要です。

● **業務のマニュアル・手順・基本的ルール・役割分担が不明瞭**

　こういった職場で、知識・経験を有する者が、情報の共有に消極的で質問しても不愉快そうに答えたり、あたかも上位者であるかのように振舞ったりすると、職場環境が悪化していきます（独裁者化）。そういう状況が進むと、暴君型のパワハラに発展していく危険があります。

　また、ルールが不明瞭な中で、過度に阿吽の呼吸を求める上司のせいで、部下が上司の顔色ばかりを窺うようになってしまい、やがて上司が暴君型のパワハラに至るというケースも考えられます。

　以上の傾向がみられる場合でも、それを意識し、放置することなく適切に対応し続ければ、ハラスメントのリスクを軽減できるはずです。

第4章　ハラスメントの法的責任

1　行為者の法的責任

　違法・不法なハラスメントの言動が強制わいせつ罪（刑法 176 条）、名誉毀損罪（刑法 230 条）、傷害罪（刑法 204 条）、暴行罪（刑法 208 条）、強要罪（刑法 223 条）などの構成要件に該当する場合は、犯罪行為として行為者が刑事責任を問われる可能性があります。これらの類型の犯罪行為が職場内で行われた場合の捜査機関の動きは鈍いのが一般で、立件されるケースも多くはありません。しかし、だからといって会社内の行為が犯罪行為に当たらないというわけではありません。

　違法・不法なハラスメントの言動に伴う行為者の法的責任の中心は、民事上の損害賠償責任です。被害者が損害賠償請求訴訟を提起して、行為者の言動が被害者の人格権や性的自由などを侵害する不法行為を構成すると評価される場合には、行為者は被害者に対して損害賠償責任を負うことになります。損害賠償責任は、精神的苦痛に対する損害賠償としての慰謝料支払（民法 709 条・710 条）となることが多いのですが、被害者が休職や退職に追い込まれたケースでは、休職期間中や退職後再就職までの期間中の賃金相当額を損害金（逸失利益）として、その損害賠償を命じる裁判例もあります。（☞ ［コラム 31：逸失利益の損害賠償を認めた裁判例］）

　自殺事案の場合は、行為者に対して数千万円の損害賠償を命じる裁判例が多くあります。

> **［コラム 31：逸失利益の損害賠償を認めた裁判例］**
> **東京地判平 15.6.6**
>
> 　（事案の概要）
> 　商品開発チーム編成の顔合わせ懇親会の 3 次会終了後のタクシー内で、飲酒してふらつくほどになっていた専務取締役が、女性従業員Ｖが自分に好意を持っているのではないかと勘違いして、抱きついて執拗にキスをし、「エッチしよう。」と発言した。Ｖは抵抗してタクシーから降り、上司に被害を申告した。
> 　Ｖはスーツ姿の男性を見るだけで足がすくむような思いになるなどして、そのまま出勤できなくなり、出勤できないまま退職に追い込まれてしまった。
> 　Ｖは専務と会社に対して、損害賠償を請求して提訴した。

（判決について）

　判決は、専務に対し、合計約290万円（慰謝料150万円＋被害者の退職後再就職までの6か月分の賃金相当額の逸失利益120万円等）の支払いを命じ、会社も使用者責任（民法715条）で連帯責任を負うとしました。

東京地判平22.7.27（日本ファンド（パワハラ）事件）

（事案の概要）

　上司Dが、自分が指示した業務遂行方法を部下が行っていないことから、部下V1に対して「俺の言うことを聞かないということは懲戒に値する」と叱責し、始末書を提出させたり、侮辱的な言葉をかけたり嫌がらせをするなどしたため、V1が心療内科で抑うつ状態の診断を受けて1か月間休職した。

　V1がDと会社に対して損害賠償を請求して提訴した。

（判決について）

　判決は、休職に追い込まれたV1について、約95万円（休業損害約35万円＋慰謝料60万円）の損害賠償を認めています（上司と会社は連帯責任）。

岡山地判平14.5.15（岡山セクハラ（労働者派遣会社）事件）

（事案の概要）

　専務取締役部長Dは、女性支店長V1に対し、後継者の地位をちらつかせて肉体関係を迫ったが、これをV1支店長が拒否すると、別の女性支店長V2に協力を依頼するも、V2支店長は拒否した。

　両支店長がDのセクハラを会社に申告すると、Dは、両名は淫乱である等と従業員に言い回り、事実確認をした取締役・監査役らもV1がDを挑発したのではないかなどとV1を非難したうえ、V1・V2両支店長が社員を扇動しているとして、両名を平社員に降格し（V1は月給70万円→49万円、V2は80万円→64万円）、更に減給した（V1は30万円、V2は32万円へ）。そのうえ両名の仕事を取り上げ、給料も入金しなかったため、両名は退職した。

　V1とV2は、Dと会社に対して損賠賠償を請求して提訴した。

（判決について）

　判決は、Dと会社の連帯責任（使用者責任）として、V1に対し220万円（慰謝料200万円＋弁護士費用20万円）、V2に対し33万円（慰謝料30万円＋弁護士費用3万円）の支払いを命じました。

　さらに判決は、会社固有の損害賠償責任として、V1に対し約1,300万円（会社固有の慰謝料50万円＋降格による未払賃金相当損害金339万円＋退職後1年分の逸失利益約800万円＋弁護士費用120万円）、V2に対し約1,450万円（会社固有の慰謝料50万円＋降格による未払賃金相当損害金356万円＋退職後1年分の逸失利益約914万円＋弁護士費用約130万円）の支払いを命じました。

　判決の認定した通りの事実だとすると、対価型のセクハラであり、パワハラで

もあります（精神的な攻撃・人間関係からの切り離し・過小な要求）。しかも、会社ぐるみの極めて悪質な態様であるといえるでしょう。

2　受け手の態度と行為者の責任

　パワハラ・セクハラを問わず、職場におけるハラスメントの事案においては、受け手が明確に拒否をしていなかったという事例が多数あります。受け手が苦笑いしたり、迎合的な態度をとることすらあります。

　このため、行為者に対して責任を問うと、行為者は、「同意（承諾）があった」とか「同意があるものと誤信していた」などと弁解する場合があります。「大人なんだから、嫌なら嫌と言えたはず。」「本人も笑っていたし、かわいがってきたつもりだった。」といった弁解が出てくることもあります。

　しかし、特に、優位な立場にある者による悪質な態様のハラスメントの場合は、被害者の承諾があったとか、同意を得ていたという弁解はほとんど通らないと考えておくべきです。職場においては、上司等からハラスメントを受けていても、その場では抗議しにくい雰囲気があるものですし、受け手としては、ハラスメントを申告することでさらに自分の立場が悪くなってしまうのではないかとおそれて、文句をいえないというのが一般的な感覚でしょう。パワハラ事案では、ミスや落ち度があるために正論攻撃を受けた受け手が、それを受け入れ、納得しているかのような行動をとることもあります。

　労働の判例では、労働者の立場が弱いことに配慮して、労働者に不利益なことについて労働者の同意（承諾）を得たといえるためには、労働者の利益や不利益とその内容や程度、同意に至る過程における労働者とのやり取りや説明内容、労働者の意向など諸般の事情を考慮し、労働者が自由な意思（真意）に基づいて同意（承諾）したものと認めるに足りる合理的な理由が客観的に存在することが必要であると解されています（最判平26.10.23・広島中央保健生活協同組合事件、最判S48.1.19・シンガーソーイング事件、最判平2.11.21・日新製鋼事件など）。つまり、労働者にとって不利益なことについて、労働者の同意・承諾を得たといえるためのハードルはかなり高く、簡単には同意・承諾は認められないのです。

　ハラスメントの言動について、受け手がそれを承諾（容認）していたかどう

かという判断でも、同じことがいえます。特に、上司と部下の間に大きな地位の差がある場合には、部下の承諾を認めることは困難です。

[コラム 32：地位の格差があるなかでの承諾が自由な意思に基づく承諾とは認められなかった事例]

東京高判平.24.8.29（銀蔵事件）

（事案の概要）

就職内定を得た女子大生 V が、大学卒業前から社宅に入居してアルバイトとして勤務し始めたところ（卒業後に正社員として入社予定）、妻子ある D 社長が V の社宅を訪問した。V は D 社長の訪問を受け入れ、更に D 社長の要求に応じて性交渉を受け入れてしまった。しかし、V は大学卒業直前に人事担当者にセクハラがあったことを伝えて退職し、D 社長と会社らに対して慰謝料請求の訴訟を提起した。

（判決について）

D 社長は同意を得た関係であった旨を主張しましたが、判決は、D 社長は人事権を有する代表取締役だったのだから、女子大生の V がその要求を拒絶することは心理的に困難な状況にあったので、V の自由な意思に基づく同意があったとはいえず、V の性的自由・人格権を侵害した不法行為であるとして、損害賠償（慰謝料 300 万円＋弁護士費用 30 万円）を命じました（会社は使用者責任で連帯責任）。

正社員入社前の女子大生と社長とでは、女子大生が逆らい難い優劣関係があります。また、卒業前で社会人経験もない女子大生では、ハラスメントに対して毅然とした対応ができなくてもやむを得なかったといえるでしょう。判決は、このような状況下での判断として、不当とはいえないと思います。立場の差が大きい場合には、上位の立場にある者が自らを律しなければならないということがいえます。

なお、この事案では、V のセクハラ申告を受けて対応した会長と専務が喫茶店で V と面会し、社長を解雇すること等を伝えたものの、その際に、社長には妻子があることを知りながら性交渉を持ったことについて V を非難してしまっており、このことが事態をより深刻にしてしまった可能性があります。

[コラム33：明確な拒否がなかったが不法行為を構成すると認めた判例]

東京地判平26.2.28（東京セクハラ（会社役員）事件）

（事案の概要）

　取締役が女性従業員Vに対し、約2か月間にわたって「1度寝てみたい。2回も夢を見た」と発言したり、腕・胸などを触るなどしたが、Vの明確な拒否はなかった。

　Vは、取締役に対して、損害賠償請求訴訟を提起した。

（判決について）

　判決は、Vが明確な拒否をしなかった点については、取締役がVの真意に基づく承諾なしに性的羞恥心を害する言動をしたことは明らかであるから、取締役の言動は不法行為を構成するとして、取締役に対し、66万円の損害賠償（慰謝料60万円＋弁護士費用6万円）を命じました。

大分地判平25.2.20（カネボウ化粧品販売事件）

（事案の概要）

　女性上司がビューティカウンセラーの女性従業員Vに対し、販売目標未達成の罰ゲームとして、会社業務の研修会の日に、ピンク色を黒で縁取りしたウサギの耳の形のカチューシャ、上半身は白い襦袢の上に紫の小袖と青色の肩衣、下半身は黄色の袴というコスチュームを着用することを求め、Vは、そのコスチュームで研修会に参加し、発表もした。

　Vは、上司と会社に対して損害賠償を請求して提訴した。

（判決について）

　判決は、たとえ任意であったとしても、Vがコスチューム着用をその場で拒否することは非常に困難であった等として、上司の行為は違法性を有し不法行為に該当すると判断し、22万円の損害賠償（慰謝料20万円＋弁護士費用2万円）を命じました（会社は連帯責任）。

　なお、この判例は、パワハラの「過大な要求」の例として取り上げました。(☞第2章1（4）④「過大な要求」)

　ハラスメントの行為者を懲戒処分したのに対して、行為者が被害者の同意があるものと思っていたと弁解して争ったものの、この弁解を認めなかった最高裁判決（海遊館事件）があります。(☞　[コラム34：明確な拒否がなかったことを行為者に有利な事情として斟酌すべきではないとした判例])

［コラム 34：明確な拒否がなかったことを行為者に有利な事情として斟酌すべきではないとした判例］

最判平 27.2.26（海遊館事件）

（事案の概要）

詳細は［コラム 26：：派遣社員の人格を軽視して侮辱型のセクハラに及んだ裁判例］に掲載。

課長代理 D が女性派遣社員 V に対し、1 年余にわたって、女性に対する言動としては極めて不適切な言動をした。このため会社は、D を出勤停止 10 日の懲戒処分と人事上の降格処分（係長）とした。

D が懲戒権・人事権の濫用による無効を主張して訴訟提起した。

（判決について）

D は、V が明確な拒否をしておらず、V から許されていると誤信していたのに、重い出勤停止等の処分は酷に過ぎると主張したが、判決は、被害者から明確な拒否の姿勢を示されていなかったという事情を D に有利な事情として斟酌すべきではないと判示しました。その主な理由は次の 2 点です。

- 課長代理は管理職としてセクハラ防止のために部下職員を指導すべき立場であるにもかかわらず、極めて不適切なセクハラ行為を 1 年余も繰り返した。
- 職場におけるセクハラ行為については、被害者が内心でこれに著しい不快感や嫌悪感等を抱きながらも、職場の人間関係の悪化等を懸念して、加害者に対する抗議や抵抗ないし会社に対する被害の申告を差し控えたり、躊躇したりすることが少なくないと考えられる。

管理職であれば、部下がセクハラ発言をしたら、部下が「拒否されてませんよ。」と弁解しても「客観的にみてアウトなセクハラ発言をしているのだから、そういう発言は許されない。」等と指導しなければならない立場にあるといえます。それなのに、自分だけ都合よく許されていると思ったという言い訳は認めないということです。

また、被害者はセクハラに抗議したり相談を躊躇することが少なくないのだから、明確な拒否をしていなかった被害者がセクハラを許容（承諾）していたということにはならないということです。

この最高裁の論理は、パワハラにも通じます。管理職であればパワハラ防止のために部下を指導すべき立場にあった。また、パワハラ行為については受け手が抗議・抵抗・被害相談を躊躇することは少なくないのだから明確な抗議をしなかったことがパワハラを承諾していたことにはならない。

したがって、パワハラに対して明確な抗議がなかったとしても、行為者に有利な事情として斟酌するべきではありません。

3　受け手の状況への配慮の必要性

　職場におけるハラスメントの判断においては、受け手の態度だけでなく、受け手がどのような状況にあるかにも気を付ける必要があります。

　例えば、受け手が新卒入社後間もない若手である、受け手がこれまで経験のない業務に異動した直後である、また、受け手にうつ病の既往歴があるというような場合は、類型的にみて受け手はパワハラへの耐性が弱いといえますから、経験豊富な一般の従業員に比べると、違法なパワハラと認められるハードルが低くなり、被害者に与えた苦痛も大きかったと判断されやすくなるといえます。

> ［コラム35：受け手が若手の場合］
> **福井地判平26.11.28（暁産業ほか事件）**
> （事案の概要）
> 　［コラム23：パワハラを受け手が受け入れてしまう事例］に掲載。
> 　高卒後入社直後のVに対する上司Dの激しい叱責に対し、Vは入社後8か月で自殺に至った。
> （判決について）
> 　判決は、Dの言動は仕事上のミスに対する叱責の域を超えてVの人格を否定し、威迫するものであり、「これらの言葉が経験豊かな上司から入社後1年にも満たない社員に対してなされたことを考えると典型的なパワーハラスメントといわざるを得ない」と述べました。
>
> **仙台高判平26.6.27（岡山県貨物運送事件）**
> （事案の概要）
> 　営業所長Dが、大卒後新入社員のVに対し、長時間の時間外労働（月約130時間）をさせ、経験年数の長い従業員でも相当の疲労感を覚える肉体労働をさせた。更に、Vがミスをすると、他の従業員の前でも「何でできないんだ」、「何度も同じことを言わせるな」、「そんなこともわからないのか」等と怒鳴り、重大なミスに対しては、「馬鹿」、「馬鹿野郎」、「帰れ」などの言葉を発した。叱責の時間は概ね5分から10分程度であり、頻度は少なくとも週に2,3回程度で、ミスが重なれば日に2,3回に及ぶことがあった。
> 　Vの入社後6か月後頃に、DがVに対し「今度何かやったら首だ。」等と告げて15分以上にわたって叱責し、Vはその数日後に自殺した。
> （判決について）
> 　判決は、Dの叱責は、社会経験、就労経験が十分でなく、大学を卒業したばかりの新入社員であり、上司からの叱責に不慣れであったVに対し、一方的に威圧感や恐怖心、屈辱感、不安感を与えるものであったというべきである等として、

不法行為の成立を認めて、遺族への約6,941万円の損害賠償を命じました（Vと会社の連帯責任）。

［コラム36：受け手にうつ病の既往歴があった場合］

東京高判平29.10.26（さいたま市（環境局職員）事件）

（事案の概要）

「重症うつ状態レベル」と診断されて89日の病気休職をしたことのあるVが異動してくると、指導担当者Dが、ペアを組んで仕事をしている際に、威圧感を感ずるほどの大きな声を出して厳しい言葉で注意したり、Vの脇腹に暴行を加えるなどの言動を継続的に行った。Vは上司にパワハラを訴えたが、特に対応してもらえず、Vのうつ病が憎悪してVが自殺した。

遺族が市に対して損害賠償請求をして提訴した。

（判決について）

この事例は、Dの言動が違法なパワハラであることに問題はないのですが、Vにうつ病の既往歴があったため、自殺はパワハラとは関係なく、Vのうつ病が原因なのではないか（市には被害者の自殺まで責任はないのではないか）が問題となりました。

判決は、市の職場環境調整義務違反・安全配慮義務違反があるとして、Vの死亡についての責任を認めました。ただし、Vのうつ病の既往歴による脆弱性が自殺するに至った重大な素因となったとして、損害賠償額を3割に減額して、市が遺族に約1,920万円を支払うよう命じました。

既往歴のある労働者に対して厳しい叱責をした場合に、既往歴が自殺等に大きく影響したとしても、行為者や会社の責任がなくなるわけではないということには注意が必要です。

---

4 使用者の民事責任－使用者責任

使用者責任とは、「ある事業のために他人を使用する者は、被用者がその事業の執行について第三者に加えた損害を賠償する責任を負う」（民法715条）という責任です。使用者の「事業の執行について」被用者（従業員や役員）がした不法行為については、使用者は、実質的に無過失の連帯責任を負うことになります。被害者保護の見地から、不法行為をした被用者だけでなく、使用者にも責任追及できるようにした特別な責任です。

　裁判例は、使用者責任の趣旨である被害者保護の考えを重視して、「事業の執行について」の要件を、形式的には事業の執行とはいいがたい場合にまで広げて解釈しています。つまり、勤務時間外・業務外であっても、職務（事業）と密接な関連性がある行為であれば、当該不法行為は使用者の「事業の執行について」行われたとして、使用者責任により連帯責任を負うとしています（職務（事業）と密接な関連性がある行為は、「職務密接関連性」といわれています）。

　したがって、例えば、使用者が把握できない状況（加害者と被害者が 2 人きりの状況など）や形式的には職務中とはいえない状況（休憩時間中など）で行われたハラスメントでも、使用者責任が認められうるのです。

　しかも、被害者保護の見地から、この職務密接関連性が緩やかに認められる傾向にあります。

　特に、役職者がその立場を利用したといえるような行動は、勤務時間外・勤務場所外であっても、「その職務と密接な関連性がある行為」として、会社の使用者責任まで認められる傾向にあります。夜、私的な状況でしたつもりの行為が、会社まで巻き込んだ訴訟沙汰になってしまうことがあるのです。

[コラム 37：勤務時間外・勤務場所外の行為について使用者責任が認められた裁判例 1]

東京地判平 15.6.6（東京マヨネーズ等製造会社事件）

（事案の概要）

　[コラム 31：逸失利益の損害賠償を認めた裁判例] でも取り上げた事例。

　商品開発チームが編成されたので、専務取締役が呼び掛けて懇親会が開催された。懇親会は 3 次会まで続き、2 次会で帰宅した社員もいたが、専務は相当に飲酒してふらつき、具合が悪そうだったので、女性従業員 V が背中をさすってあげたり、階段を上がる専務の肘をつかんで介護したりした。そこで専務が V を 3 次会に誘い、V は上司 2 名も参加することを確認して了承した。3 次会終了時点で終電がなかったので、専務が上司 2 名にタクシー券を渡し、上司 2 名はタクシーで帰宅したが、V については専務が送ると言い、V のタクシーに専務が乗り込んだ。V が自分に好意を持っているのではないかと勘違いしていた専務は、抱きついて執拗にキスをし、「エッチしよう。」と発言した。V は抵抗してタクシーから降り、上司に被害を申告した。

　V はスーツ姿の男性を見るだけで足がすくむような思いになるなどして、そのまま出勤できなくなり、出勤できないまま退職に追い込まれてしまった。

（判決について）

　V が専務と会社を訴えたのに対し、会社は使用者責任を争いましたが、判決は、

タクシー内で行われた専務のセクハラ行為は、会社の業務に近接して、その延長において、専務の上司としての地位を利用して行われたものであり、会社の職務と密接な関連性があるとして、会社の使用者責任を認めました。

　この事例について、職場におけるセクハラの「職場」におけるという要件をみたすかどうかを考えてみましょう（☞ 第2章4（3）「『職場における』ハラスメント」を参照）。

　微妙なケースですが、本件懇親会は、チーム編成の顔合わせであるうえ3次会まで連続し、参加者も職場の者だけであることから職務との関連性は強いといえます。タクシーも、3次会終了後の帰宅のために専務がタクシー券を用意していることから、職務との関連性は失われていないと考えることができるでしょう。

　したがって、タクシー内での行為は、実質上職務の延長と考えられる状況、すなわち「職場」で行われたセクハラと考えることができます。

　なお、この事例では、会社が対応を誤って紛争が深刻になった可能性があります。すなわち、専務は社長にセクハラをめぐって問題が生じていると報告したのですが、社長は会社として取り上げて事実確認を調査することはせず、問題に対応したVの上司も本件を社員間の個人的な問題と判断してしまったのです。

　このため、専務の処遇があいまいなままになり、会社側はVに他のポストを用意することや専務と直接会うことがないようにする等の提案をしたものの、Vが納得せず、専務の処遇がはっきりしないと会社に復帰しないことや慰謝料を要求することなどを主張しました。会社もVが欠勤を続けることに対し、諭旨解雇または懲戒解雇もありうると警告し、Vは退職してしまったのです。

[コラム38：勤務時間外・勤務場所外の行為について使用者責任が認められた裁判例2]

東京高判平.24.8.29（銀蔵事件）

（事案の概要）

　[コラム32：地位の格差があるなかでの承諾が自由な意思に基づく承諾とは認められなかった事例] に掲載。

　就職内定を得た女子大生Vが、大学卒業前から社宅に入居してアルバイトとして勤務し始めたところ、妻子あるD社長がVの社宅を訪問した。VはD社長の訪問を受け入れ、更にD社長の要求に応じて性交渉を受け入れてしまった。しかし、Vは大学卒業直前に人事担当者にセクハラがあったことを伝えて退職し、D社長と会社らに対して慰謝料請求の訴訟を提起した。

（判決について）

　判決は、D社長の不法行為責任を認めて330万円の損害賠償を命じました[コラム32：地位の格差があるなかでの承諾が自由な意思に基づく承諾とは認められなかった事例]。

　会社は使用者責任を争ったのですが、判決は、D社長がVの自宅を訪問した行為は会社の事業と密接に関連していると述べて、会社の使用者責任も認めています（社長と連帯責任）。

　この判例から、一定の権限を有している役職者が地位の離れた従業員と接する際には、私的な状況であるように思えても会社の使用者責任が認められてしまう可能性があるので、「李下に冠を正さず」の姿勢で行動しないと、大きなリスクを引き受けることになることがわかります。

　「私と彼女との個人的な問題なんですよ。会社は関係ない。」と説明したところで、被害者の代理人である弁護士は納得しないでしょう。会社も被告に加えた方が、和解するにしろ、債権回収をするにしろ、被害者のためには都合がいいからです。

5　使用者の民事責任－使用者固有の責任

　使用者は、労働者に対し、安全配慮義務や職場環境維持義務・職場環境配慮義務を負うとされています（☞ 第1章 8 (2)「安全配慮義務・職場環境維持義務等」）。そして、管理職による対応など、使用者のとったハラスメント措置が不十分で、被害者がハラスメントによる被害を受けたといえる場合には、使用者は、行為者とは別に、固有の損害賠償責任を負うことになります。

　行為者が不法行為責任を負い、それが使用者の「事業の執行について」行われたといえる場合には、使用者は行為者と連帯して使用者責任を負うことについては説明しました（☞ 第4章4「使用者の民事責任－使用者責任」）。使用者は、この使用者責任だけでなく、それとは別に固有の損害賠償責任も負う場合があるのです。

　固有の損害賠償責任は、使用者責任のように行為者が不法行為責任を負うことを前提としていない別の責任なので、使用者が行為者よりも重い責任を負うとされるケースもあり、近時は、行為者の言動がグレーゾーンにあたり不法行為とはいえない（行為者は不法行為による損害賠償義務を負わない）場合でも、使用者は固有の損害賠償責任を負うとして、使用者だけが責任を負うとする裁判例も出ています。

　安全配慮義務や職場環境維持義務・職場環境配慮義務を実際に実施するのは現場の管理職ですから、管理職がハラスメントにどのように対応するかは重要になります。

[コラム39：行為者よりも使用者の方が重い賠償責任を負うとされた事例]

名古屋高判平29.11.30（加野青果事件）

（事案の概要）

勤務歴10年以上の先輩女性従業員2名が、高卒で入社約2年半の女性従業員Vのミスが多いことから、ミスがあると「てめえ」「あんた、同じミスばかりして」などと厳しい口調で頻回にわたって叱責し、Vの様子から心配したVの親が会社に相談すると、「親に出てきてもらうくらいなら、社会人としての自覚を持って自分自身もミスのないようにしっかりとしてほしい。」と述べた。

Vは入社から約3年で異動（配置転換）したが、その後もミスがあったので、先輩女性従業員らが、そのたび事実確認や注意のために呼び出して「何度言ったらわかるの」などと強い口調で同じ注意・叱責を何回も繰り返し、長時間にわたることもあった。このため、Vがうつ状態となり、入社後約3年2か月で自殺した。

遺族が先輩従業員と会社に対して損害賠償請求の訴訟を提起した。

（判決について）

判決は、先輩従業員2名には、Vの精神的苦痛に対する慰謝料等の不法行為責任のみを認めました（55万円と110万円）。先輩従業員の言動はVに精神的苦痛を与える不法行為に該当するものの、自殺に追い込むほどに強度な心理的負荷を与える言動とまではいえないので、精神的苦痛の損害賠償責任（慰謝料）のみを認めるという判断です（会社は使用者責任として連帯責任）。

ここで判決は、同時に会社固有の損害賠償責任を認めました。

会社には、パワハラを制止・改善せず放置したことや配置転換後のVの業務の見直しを検討しなかった責任があるとしたのです。会社の安全配慮義務（職場環境配慮義務・職場環境維持義務）の違反を認めたものといえます。しかも、会社はVがうつ病となり自殺に至ることを予見できたとして、会社に対しては、Vの自殺に関する損害賠償として、約5,480万円の支払いを命じました。

[コラム40：行為者は責任を負わないが、使用者は責任を負うとされた事例]

徳島地判平30.7.9（ゆうちょ銀行（パワハラ自殺）事件）

（事案の概要）

［コラム25：グレーゾーンの指導が不幸な結果を招いた事例2］に掲載。

書類作成のミス等を頻発するAに対し、書類審査担当の主査2名が、「ここのとこって前も注意したでな。確認せえかったん。どこを見たん。」「どこまでできとん。何ができてないん。どこが原因なん。」「何回も言ようよな。マニュアルをきちんと見ながらしたら、こんなミスは起こるわけがない。きちんとマニュア

ルを見ながら、時間がかかってもいいからするようにしてください。」等と叱責した。Aは異動後約1年半で体重が15kg減少し（70kg→55kg）、同僚に「死にたい」と言うようになり、異動の約2年後に自殺した。

　遺族が、会社に対して、使用者責任または雇用管理上の義務違反による損害賠償を請求して提訴した。

（判決について）

　判決は、主査2名による頻繁な叱責には業務上の必要性があり、叱責内容も人格的非難に及ぶものとまではいえないから、業務上の指導の範囲を逸脱し社会通念上違法とまでは認められないと判断し、主査2名の不法行為責任を否定しています（会社も使用者責任の連帯責任を負わない）。

　他方で、会社については、係長ら上司は異動を含めた対応を検討すべきであったのにそれをしなかったのだから、会社は安全配慮義務違反による債務不履行責任として、遺族に対し約6,142万円（逸失利益約3,582万円＋慰謝料約2,000万円＋弁護士費用560万円）の支払義務を負うと判断しました。

　なお、本件を［コラム39］の事例と比べると、［コラム39］の事例では被害者Vが高卒入社約2年とパワハラ耐性が強いとはいえない年齢であるうえ、先輩の言動が人格攻撃を含むものもあったことから、先輩の不法行為責任が認められたと考えられるのに対し、本件のAは入社16年と経験豊富であることや、主査の発言に明確な人格攻撃がないことから、主査の不法行為責任が否定されたのだと評価することができます。

　主査2名の言動はグレーゾーンの言動といえますが、Aは長期間（約2年）にわたる正論攻撃にさらされる中で、おそらくうつ状態となり、自殺に至ってしまったものと考えられます。グレーゾーンを放置してはならないことが痛感されます。

　上司は、Aの体重減少や「死にたい」という発言を認識していたのですから、「職場を運営する上であってはならない状態」であると判断し、迅速に、Aと面談して真摯に話を聞いたり、Aと主査との間に入って調整をしたりして、その結果によっては異動の判断をするといった措置を講ずべきだったといえます。

第5章　相談にどのように対応するか

1　上司による相談の重要性

　パワハラに関する雇用管理上の措置義務が労働施策総合推進法に明文化され（☞ 第1章 1）、ハラスメント相談窓口を整備・強化する企業が増加しています。

　職場におけるハラスメントに起因する問題に関して雇用管理上必要な措置を講ずべき義務の解釈指針も公表され、指針において、相談窓口をあらかじめ定め、労働者に周知するとともに、相談窓口の担当者が、相談に対し、その内容や状況に応じ適切に対応できるようにする措置を講じなければならないと定められています。（☞ 指針の内容については、巻末資料1にまとめてあります）

　このため、ハラスメント相談員の制度を設け、相談員の研修を実施している企業は多いと思います。

　このように、ハラスメント相談員はハラスメント対応において重要な位置を占めているのですが、注意すべきは、ハラスメントの相談は、相談窓口だけでなく、上司にも寄せられるということです。

[パワーハラスメントを受けてどのような行動をしたか]

	安心して相談できる (n=48)	安心して相談できない (n=215)
1. 人事等の社内の担当部署（相談窓口を除く）に相談した	4.2%	4.7%
2. 社内の相談窓口に相談した	4.2%	2.3%
3. 社内の同僚に相談した	27.1%	13.5%
4. 社内の上司に相談した	43.8%	19.1%
5. 労働組合に相談した	2.1%	2.8%
6. 会社が設置している相談窓口・産業医に相談した	6.3%	3.7%
7. 会社とは関係のない医師やカウンセラーなど専門家に相談した	8.3%	2.8%
8. 弁護士に相談した	0.0%	1.4%
9. 公的な機関（労働基準監督署や都道府県労働局など）に相談した	2.1%	1.4%
10. しばらく会社を休んだ	18.8%	3.3%
11. その他	6.3%	10.7%
12. 何もしなかった	31.3%	54.4%

　（出典）厚生労働省　平成27年度委託事業「働きやすい職場環境形成事業」における実態調査

　上のデータにみられるように、パワハラを受けた者が、社内の上司に相談したというケースが多いのです。このデータはやや古いので、近時は社内の相談窓口に相談したというケースが増えているはずです。それでも、上司への相談は一定割合であるはずです。

　特に、グレーゾーンの場合のように、職場におけるハラスメントと断定しにくい事例では、上司に相談してみるという場合が多くなると思います。相談窓口制度が整備されているとしても、管理職の相談対応は重要な位置を占め続けることになるのです。したがって、相談員の研修を充実させているとしても、管理職の相談対応についての研修をおろそかにするべきではありません。

　部下から相談があるというので聞いてみたら、直属の上司から厳しい叱責を受けており、「死にたいと思うこともあるんです。」と打ち明けられたとします。この場合に「人間、死ぬ気になれば、何でもできるはずだよ。頑張ってみよう。」とか「自分のときはもっとすごかったな。そんなもんだよ。」などというアドバイスをしたら、取り返しのつかないことになってしまいかねません。管理職に寄せられるハラスメント相談も、相談窓口における相談と同様に会社としての相談対応の一環であると考えるべきです。すなわち、管理職についても、ハラスメント相談対応を個々の研鑽や経験だけに委ねるべきではなく、ハラスメント相談対応についての知識や社内ルールを共有し、相談対応の一定水準を確保するべきです。

　そこで、本章では、ハラスメント相談の基本的な注意点について説明します。

2　ハラスメント相談の重要性

　ハラスメント相談の目的としては、次のものがあげられます。

- 相談の内容や状況に応じて、相談者に対する配慮のための措置や行為者に対する措置を迅速・適切に行うための情報を得る。
- 職場におけるハラスメント発生のおそれがある場合や、職場におけるハラスメントに該当するか否か微妙な場合等（グレーゾーン）で事実を把握し、適切に対応するための情報を得る。
- 社内で自主的に問題を解決できる機会をつくる。

　職場におけるブラックなハラスメントが発生した場合に、迅速に相談者に対する配慮のための措置等を行うことが、ハラスメント相談窓口の第一の目的といえます。ただし、リスクマネジメントの見地からは、グレーゾーンで事実を把握し、適切に対応するという目的が重要です。

　職場におけるブラックなハラスメントが発生してしまっているケースでは、被害者の被害感情が強く、会社が自主的解決の努力をしても功を奏さない（取

り返しがつかない）ことが多いからです。

　ですから、グレーゾーンの段階（職場におけるハラスメントの発生のおそれ
がある場合や、職場における各ハラスメントに該当するか否か微妙な場合等）
であっても、広く相談に対応し、適切な対応を行うようにすることが求められ
ます。その端緒となるのが相談窓口です。相談窓口で、相談者の訴えを正しく
把握し、相談者の意向を確認して、その後の事実確認等の手続きにつなげるよ
うにすることで、グレーゾーンの段階で会社が適切に対応し、ハラスメントの
リスクを軽減することができるのです。

3　ハラスメント相談の際に求められる姿勢等

　ハラスメントの相談に対応する際には、以下の姿勢が求められます。

- 相談者のプライバシーを最優先にする姿勢
- 真摯な態度で、相談者の話を忍耐強く傾聴し、聞き役に徹する姿勢
- 中立的な姿勢
- ハラスメントの概要や相談体制・手続きの理解
- できることとできないことを峻別する

　当然のことですが、ハラスメントの相談を受ける際には、相談者のプライバ
シーを最優先にする姿勢が求められます。

　実際に相談対応する際に意識したい最重要事項は、真摯な態度で、相談者の
話を忍耐強く傾聴し、聞き役に徹する姿勢です。

　相談窓口の目的は、相談者の訴えを正しく把握し、相談者の意向を確認して、
その後の事実確認等の手続きにつなげるようにすること（相談者の主張の把握
と相談者の意向の確認）です。相談者に自分なりのアドバイスをしたり、相談
者に味方して対策を考えることは、相談窓口の目的ではありません。ですから、
相談担当者は、真摯な態度で、相談者の話を忍耐強く傾聴し、聞き役に徹する
姿勢が求められます。また、相談者は、まず自分の話を聴いてもらいたいもの
です。一通り概略を話してもらうまでは、話をさえぎって質問したりせず、ひ
たすら傾聴し受容の姿勢で対応するべきです。それによって、相談者の気持ち
もほぐれますし、相談者が問題を自ら整理する手助けになることもあります。

　ハラスメント相談に限らず、カウンセリングといわれるもの（弁護士の法律
相談もその中に入ります）は、相手の話を傾聴することから始まります。そし

て、相手の話を傾聴することが仕事の中心です。上司として相談を受ける場合も同様です。

真摯な態度で相談者の話を傾聴することで、相談対応の目的の多くを達することができます。

また、相談員は、傾聴する際の受容の姿勢を越えて、相談者に感情移入しないよう気をつけなければなりません。上司として聞く相談も会社の相談窓口としての意味があるわけですから、中立的な姿勢を保たなければなりません。行為者（加害者）に対する評価は、事実確認してからするべきことであり、相談窓口の段階ですべきではないのです（刑事手続における「無罪推定の原則」と同様です）。

更に、ハラスメント相談を担当する者には、ハラスメントの概要や相談対応後の手続きについての一定の理解があることが望まれます。相談の段階で、「これはグレーゾーンを越えた違法・不法なハラスメントの可能性がある」とか「事実確認をして会社として対応した方がよさそうだ。」といった判断を適切に行うためには、ハラスメントの概要や相談対応後の社内手続きについての理解が必要だからです。相談者の意向を確認することも相談窓口の目的に含まれますが、相談者の方から「どうしたらいいんでしょうか？」と聞かれてしまうこともあります。そのような場合は、相談対応後の社内手続きがどのようになっているかの説明をすると、相談者の判断の手助けになることがあります。

[ハラスメント対応の社内手続きの例]

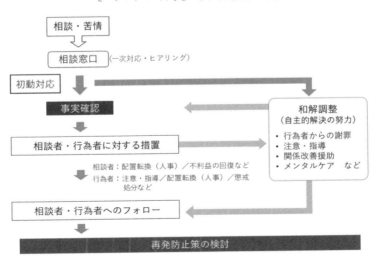

くどいようですが、相談窓口での対応（一次対応）の後に事実確認があり、事実確認の結果に基づいて行為の評価（職場におけるハラスメントかどうかの評価など）をして、行為者に対する措置を決めることになるのですから、一次対応の時点では、相談者の主張の把握と相談者の意向の確認を越えて、行為の評価を相談者に伝えるべきではありません（「うーん。パワハラとはいうのは、難しいんじゃないかな。」など）。

　行為者を懲戒処分するためには、行為者に弁解（反論）の機会を与えるというように、適正な手続を実践する必要があります。そのような手続を行う前に相談員が「パワハラ」と決めつけて相談者に話してしまうと、相談者が意を強くして周囲にそのことを話してしまい、別のトラブルになってしまうことも考えられます。

　相談者から「これってセクハラですよね。」と聞かれた場合は、「セクハラかどうかは、この後に事実確認をしてから判断することなので、私がいうことはできないんです。」でよいと思います。それを聞いた相談者ががっかりしたとしても、それはやむをえません。相談員ができることには、相談者の主張を把握し相談者の意向を確認するという基本的な役割による一定の限界があるのです。

　したがって、相談員は、できることとできないことを峻別するという姿勢が求められます。相談者が主張している行為者の言動が職場におけるブラックなハラスメントに該当するかどうかの判断は、相談員にはすることができません。また、ハラスメントの疑いがあるケース［会社として対応すべき事案］の場合には、相談を受けた上司が自分で対応し続けるべきではなく、速やかに人事に引き継ぐなどして会社マターにするべきです。相談者にメンタルの問題があると疑われるケース［専門家に任せるべき］も、自分で励ましたりしようとせず、会社に専門家がいるのであればそれに引き継ぐなり、人事部門に相談するなりすべきでしょう。

　なお、相談員は、自分の経験談などのアドバイスをする必要はありません。相談員の役割（相談者の主張する事実の把握と相談者の意向の確認）を越えていますし、実際のところ、経験談というものは人それぞれの状況下のものなので、多くの場合は自分の経験は相手には当てはまらないものだからです。相談者が「ずれてる…」などの不満・ストレスを抱える結果に終わることがほとんどです。

まとめ

　これまで、管理職の方に知っておいていただきたいハラスメントの知識やハラスメント防止措置、ハラスメントの法的責任、ハラスメント相談の注意点などについて説明してきました。

　管理職の方は、自らが職場におけるハラスメントの行為者とならないように心がけるだけでなく、事業主の雇用管理上の措置義務や安全配慮義務（職場環境維持義務・職場環境配慮義務）を実施する地位にある者として、ハラスメントの予防やグレーゾーンへの対応に取り組むことが求められます。

　ですから、職場におけるハラスメントについて説明するときには、一般の従業員と管理職とで説明する内容が異ならざるを得ません。本書は、管理職向けの解説を目指したものであり、一般の従業員に対する説明と比べると、会社寄りの説明ということができます。この点はご理解ください。

　なお、ハラスメント問題は、一つの決定的措置を講ずれば解決できるというものではありません。紛争化するリスクを完全になくすことも不可能だと思います。いくつかの措置（ハラスメント教育、相談対応、個人の意識・心がけ、コミュニケーションの意識 等）を同時並行で実施して総合的に対処し、また、定期的に措置の効果を検証して改善しつづけることで、リスクを軽減していくものであるといえます。

　最後に、管理職の方に注意していただきたいことをまとめて、本書を終わりにしたいと思います。

　1．懇親会等、私的と思える状況の行為や、社員間の個人的な問題のようであっても、管理職が関与している場合には、「職場における」ハラスメントと判断される場合がある。
　　(1) 部下にとっては、上司が関与している状況は、懇親会であっても職務の延長といえる。そのような場での言動には注意が必要。
　　(2) （セクハラ）私的な付き合いの中での言動と思っていても、部下との立場が大きく異なる場合には、そのような言動が「職務の延長で行われた」、「職務と密接に関連する行為である」と部下から主張される可能性がある。その場合は、会社を巻き込んだ責任問題になりかねない。
　2．「職場におけるパワーハラスメント」は、客観的な業務上の必要性があり、受け手の人格を尊重した言動であれば該当しない。

（1）受け手の人格を意識して行動していれば、ブラックなパワハラとされることはない。

（2）職場におけるパワハラといえるためには一定のハードルがあるという共通理解を職場で持ちたい。

3.「職場におけるハラスメント」に該当しなければ問題ないというわけではない。

（1）グレーゾーンの言動であっても、より良い職場環境の維持のためには、放置すべきでない。

（2）「職場を運営していく上であってはならない言動・状況」になっていないかに留意する。

（3）グレーゾーンの言動は、糾弾対象ではないが、より良い職場環境のために改善すべきものという共通理解を職場で持ちたい。

（4）グレーゾーンの言動は、自分で気づきたい（自己検証する意識を持ちたい）。

4.より良い職場環境を維持するためには、「職場におけるハラスメント」はもちろんのこと、グレーゾーンの場合でも相談できること、グレーゾーンの段階から相談対応して職場環境を改善するという意識が求められる。

巻末資料1：ハラスメント問題に関し雇用管理上講ずべき措置等の内容 まとめ

1　事業主が職場におけるハラスメントに起因する問題に関し雇用管理上講ずべき措置の内容

　事業主は、当該事業主が雇用する労働者又は当該事業主（法人の場合はその役員）が行う職場におけるハラスメントを防止するため、雇用管理上次の措置を講じなければならない。

　（1）事業主の方針等の明確化およびその周知・啓発

　事業主は、職場におけるセクシュアルハラスメント、職場における妊娠・出産・育児休業等に関するハラスメント（マタニティハラスメントおよび育児休業等に関するハラスメント）および職場におけるパワーハラスメント（以下、「職場におけるハラスメント」という。）に関する方針の明確化、労働者に対するその方針の周知・啓発として、次の措置を講じなければならない。

　なお、周知・啓発をするにあたっては、職場におけるハラスメントの防止の効果を高めるため、その発生の原因や背景（以下、「ハラスメントの背景等」という。）について労働者の理解を深めることが重要である。その際、職場におけるハラスメントの発生の原因や背景には、以下のものがあると考えられるから、これらを解消していくことが職場におけるハラスメントの防止の効果を高める上で重要であることに留意することが必要である。

　（セクシュアルハラスメント）

　セクシュアルハラスメントの発生の原因や背景には、性別役割分担意識に基づく言動もあると考えられる。

　（妊娠・出産・育児休業等に関するハラスメント）

　妊娠・出産・育児休業等に関するハラスメントの発生の原因や背景には、（ⅰ）妊娠・出産等や育児休業等に関する否定的な言動（他の女性労働者の妊娠・出産等の否定や他の労働者の制度等の利用の否定につながる言動（当該労働者に直接行わない言動も含む。）をいい、単なる自らの意思の表明を除く。以下同じ。）が頻繁に行われるなど育児休業・介護休業等の制度（以下、「制度等」という。）の利用又は制度等の利用の請求等をしにくい職場風土や、（ⅱ）制度等の利用ができることの職場における周知が不十分であることなどもあると考えられる。

　（パワーハラスメント）

　職場におけるパワーハラスメントの発生の原因や背景には、労働者同士のコミュニケーションの希薄化などの職場環境の問題もあると考えられる。

イ　職場におけるハラスメントの内容および職場におけるハラスメントを行ってはならない旨の方針（以下、「事業主の方針」という。）を明確化し、管理監督者を含む労働者に周知・啓発すること。	（事業主の方針を明確化し、労働者に周知・啓発していると認められる例）

イ　職場におけるハラスメントの内容および職場におけるハラスメントを行ってはならない旨の方針（以下、「事業主の方針」という。）を明確化し、管理監督者を含む労働者に周知・啓発すること。

　　妊娠・出産・育児休業等に関するハラスメントについては、上記のほかに、妊娠・出産等や育児休業等に関する否定的な言動が職場における妊娠・出産・育児休業等に関するハラスメントの発生の原因や背景となり得ることや制度等の利用ができる旨を明確化し、管理・監督者を含む労働者に周知・啓発すること。

ロ　職場におけるハラスメントに係る言動を行った者については、厳正に対処する旨の方針および対処の内容を就業規則その他の職場における服務規律等を定めた文書に規定し、管理監督者を含む労働者に周知・啓発すること。

（事業主の方針を明確化し、労働者に周知・啓発していると認められる例）

①就業規則その他の職場における服務規律等を定めた文書において、事業主の方針を規定し、当該規定と併せて、職場におけるハラスメントの内容およびその発生の原因や背景を、労働者に周知・啓発すること。

　妊娠・出産・育児休業等に関するハラスメントについては、制度等の利用ができる旨も規定する。

②社内報、パンフレット、社内ホームページ等広報または啓発のための資料等に職場におけるハラスメントの内容およびその発生の原因や背景ならびに事業主の方針を記載し、配布等すること。

　妊娠・出産・育児休業等に関するハラスメントについては、制度等の利用ができる旨も記載・配布等する。

③職場におけるハラスメントの内容およびその発生の原因や背景ならびに事業主の方針を労働者に対して周知・啓発するための研修、講習等を実施すること。

　妊娠・出産・育児休業等に関するハラスメントについては、制度等の利用ができる旨についても周知・啓発する。

（対処方針を定め、労働者に周知・啓発していると認められる例）

①就業規則その他の職場における服務規律等を定めた文書において、職場におけるハラスメントに係る言動を行った者に対する懲戒規定を定め、その内容を労働者に周知・啓発すること。

②職場におけるハラスメントに係る言動を行った者は、現行の就業規則その他の職場における服務規律等を定めた文書において定められている懲戒規定の適用の対象となる旨を明確化し、これを労働者に周知・啓発すること。

(2) 相談（苦情を含む。以下同じ。）に応じ、適切に対応するために必要な体制の整備
　　事業主は、労働者からの相談に対し、その内容や状況に応じ適切かつ柔軟に対応するために必要な体制の整備として、イおよびロの措置を講じなければならない。

イ　相談への対応のための窓口（以下「相談窓口」という。）をあらかじめ定め、労働者に周知すること。	（相談窓口をあらかじめ定めていると認められる例） ①相談に対応する担当者をあらかじめ定めること。 ②相談に対応するための制度を設けること。 ③外部の機関に相談への対応を委託すること。
ロ　イの相談窓口の担当者が、相談に対し、その内容や状況に応じ適切に対応できるようにすること。 　相談窓口においては、被害を受けた労働者が萎縮するなどして相談を躊躇する例もあること等も踏まえ、相談者の心身の状況や当該言動が行われた際の受け止めなどその認識にも配慮しながら、職場におけるハラスメントが現実に生じている場合だけでなく、その発生のおそれがある場合や、職場における各ハラスメントに該当するか否か微妙な場合等であっても、広く相談に対応し、適切な対応を行うようにすること。 　例えば、以下の場合が考えられる。 ・放置すれば就業環境を害するおそれがある場合 ・性別役割分担意識に基づく言動が原因や背景となってセクシュアルハラスメントが生じるおそれがある場合	（相談窓口の担当者が適切に対応することができるようにしていると認められる例） ①相談窓口の担当者が相談を受けた場合、その内容や状況に応じて、相談窓口の担当者と人事部門とが連携を図ることができる仕組みとすること。 ②相談窓口の担当者が相談を受けた場合、あらかじめ作成した留意点などを記載したマニュアルに基づき対応すること。 ③相談窓口の担当者に対し、相談を受けた場合の対応についての研修を行うこと。

・妊娠・出産・育児休業等に関する否定的な言動が原因や背景となって妊娠出産・育児休業等に関するハラスメントが生じるおそれがある場合 ・労働者同士のコミュニケーションの希薄化などの職場環境の問題が原因や背景となってパワーハラスメントが生じるおそれがある場合	

(3) 職場におけるハラスメントに係る事後の迅速かつ適切な対応 　事業主は、職場におけるハラスメントに係る相談の申出があった場合において、その事案に係る事実関係の迅速かつ正確な確認および適正な対処として、次の措置を講じなければならない。	
イ　事案に係る事実関係を迅速かつ正確に確認すること。	（事案に係る事実関係を迅速かつ正確に確認していると認められる例） ①相談窓口の担当者、人事部門または専門の委員会等が、相談を行った労働者（以下「相談者」という。）および職場におけるハラスメントに係る言動の行為者とされる者（以下「行為者」という。）の双方から事実関係を確認すること。その際、相談者の心身の状況や当該言動が行われた際の受け止めなどその認識にも適切に配慮すること。 　また、相談者と行為者との間で事実関係に関する主張に不一致があり、事実の確認が十分にできないと認められる場合には、第三者からも事実関係を聴取する等の措置を講ずること。 ②事実関係を迅速かつ正確に確認しようとしたが、確認が困難な場合などにおいて、男女雇用機会均等法18条、育児・介護休業法52条の5または労働施策総合推進法30条の6に基づく調停の申請を行うことその他中立な第三者機関に紛争処理を委ねること。
ロ　イにより、職場におけるハラスメントが生じた事実が確認できた場合においては、速やかに被害を受けた労働者（以下、「被害者」という。）に対	（措置を適正に行っていると認められる例） ①事案の内容や状況に応じ、被害者と行為者の間の関係改善に向けての援助、被害者と行為者を引き離すための配置転換、行為者の謝罪、被害者の労働条件上の不利益の回復、管理監督者または事業場内産業保健スタッフ等による被害者のメンタルヘルス不調への相談対応等の措置を講ずること。

する配慮のための措置を適正に行うこと。	②男女雇用機会均等法18条、育児・介護休業法52条の5または労働施策総合推進法30条の6に基づく調停その他中立な第三者期間の紛争解決案に従った措置を被害者に対して講ずること。
ハ　イにより、職場におけるハラスメントが生じた事実が確認できた場合においては、行為者に対する措置を適正に行うこと。	（措置を適正に行っていると認められる例） ①就業規則その他の職場における服務規律等を定めた文書における職場におけるハラスメントに関する規定等に基づき、行為者に対して必要な懲戒その他の措置を講ずること。あわせて事案の内容や状況に応じ、被害者と行為者の間の関係改善に向けての援助、被害者と行為者を引き離すための配置転換、行為者の謝罪等の措置を講ずること。 ②男女雇用機会均等法18条、育児・介護休業法52条の5または労働施策総合推進法30条の6に基づく調停その他中立な第三者機関の紛争解決案に従った措置を行為者に対して講ずること。
ニ　改めて職場におけるハラスメントに関する方針を周知・啓発する等の再発防止に向けた措置を講ずること。 職場におけるハラスメントが生じた事実が確認できなかった場合においても、同様の措置を講ずること。	（再発防止に向けた措置を講じていると認められる例） ①職場におけるセクシュアルハラスメントを行ってはならない旨の方針および職場におけるハラスメントに係る言動を行った者について厳正に対処する旨の方針を、社内報、パンフレット、社内ホームページ等広報または啓発のための資料等に改めて掲載し、配布等すること。 ②労働者に対して職場におけるハラスメントに関する意識を啓発するための研修、講習等を改めて実施すること。

（4）　（1）から（3）までの措置と併せて講ずべき措置

　　（1）から（3）までの措置を講ずるに際しては、併せて次の措置を講じなければならない。

イ　職場におけるハラスメントに係る相談者・行為者等の情報は当該相談者・行為者等のプライバシーに属するものであることから、相談への対応または当該職場におけるハラスメントに係る事後の対応にあたっては、相談者・行為者等のプライバシーを保護するために必要な措置を講ずるとと	（相談者・行為者等のプライバシーを保護するために必要な措置を講じていると認められる例） ①相談者・行為者等のプライバシーの保護のために必要な事項をあらかじめマニュアルに定め、相談窓口の担当者が相談を受けた際には、当該マニュアルに基づき対応するものとすること。 ②相談者・行為者等のプライバシーの保護のために、相談窓口の担当者に必要な研修を行うこと。 ③相談窓口においては相談者・行為者等のプライバシーを保護するために必要な措置を講じていることを、社内報、パンフレット、社内ホームページ等広報または啓発のための資料等に掲載し、配布等すること。

もに、その旨を労働者に対して周知すること。	
相談者・行為者等のプライバシーには、性的指向・性自認や病歴、不妊治療等の機微な個人情報も含まれるものであること。	
ロ 労働者が職場におけるハラスメントに関し相談をしたこともしくは事実関係の確認に協力したこと、都道府県労働局に対して相談、紛争解決の援助の求めもしくは調停の申請を行ったことまたは調停の出頭の求めに応じたこと（以下「パワーハラスメントの相談等」という。）を理由として、解雇その他の不利益な取扱いを行ってはならない旨を定め、労働者に周知・啓発すること。	（不利益な取扱いを行ってはならない旨を定め、労働者にその周知・啓発することについて措置を講じていると認められる例） ①就業規則その他の職場における職務規律等を定めた文書において、労働者が職場におけるハラスメントに関し相談をしたこと、または事実関係の確認に協力したこと等を理由として、当該労働者が解雇等の不利益な取扱いをされない旨を規定し、労働者に周知・啓発をすること。 ②社内報、パンフレット、社内ホームページ等広報または啓発のための資料等に、労働者が職場におけるハラスメントに関し相談をしたこと、または事実関係の確認に協力したこと等を理由として、当該労働者が解雇等の不利益な取扱いをされない旨を記載し、労働者に配布等すること。

2 事業主が職場におけるハラスメントに起因する問題に関し行うことが望ましい取組等の内容

　事業主は、当該事業主が雇用する労働者または当該事業主（法人の場合は、その役員）が行う職場におけるハラスメントを防止するため、職場におけるハラスメントに起因する問題に関し雇用管理上講ずべき措置（1の各措置）に加え、次の取組を行うことが望ましい（(2)－1イの措置については講じなければならない）。

(1) 一元的に相談に応じることのできる体制の整備	
職場におけるハラスメントは、他のハラスメントと複合的に生じることも想定されるから、職場におけるハラスメントの相談窓口を一体的に設置し、他のハラスメントと一体的に相談に応じることのできる体制を整備することが望ましい。	
	（一元的に相談に応じることのできる体制の例）①相談窓口で受け付けることのできる相談として、特定のハラスメントだけでなく、各種のハラスメントを明示すること。②職場におけるセクシュアルハラスメントの相談窓口等が他のハラスメントの相談窓口を兼ねること。

(2)－1　職場における妊娠・出産・育児休業等に関するハラスメントの原因や背景となる要因を解消するための措置

　事業主は、職場における妊娠・出産・育児休業等に関するハラスメントの原因や背景となる要因を解消するため、イの措置を講じなければならず、また、ロの措置を講ずることが望ましい。

　なお、措置を講ずるにあたっては、

（ⅰ）職場における妊娠・出産・育児休業等に関するハラスメントの背景には妊娠・出産・育児休業等に関する否定的な言動もあるが、当該言動の要因の一つには、妊娠した労働者がつわりなどの体調不良のため労務の提供ができないことや労働能率が低下すること、労働者が所定労働時間の短縮措置を利用することで短縮分の労務提供ができなくなること等により、周囲の労働者の業務負担が増大することもあることから、周囲の労働者の業務負担等にも配慮すること

（ⅱ）労働者の側においても、制度等の利用ができるという知識を持つことや、周囲と円滑なコミュニケーションを図りながら自身の体調等に応じて適切に業務を遂行していくという意識を持つこと

のいずれも重要であることに留意することが必要である。

イ　業務体制の整備など、事業主や制度等の利用を行う労働者その他の労働者の実情に応じ、必要な措置を講ずること（派遣労働者にあっては、派遣元事業主に限る。）。	（業務体制の整備など、必要な措置を講じていると認められる例） ①妊娠等した労働者や制度等の利用を行う労働者の周囲の労働者への業務の偏りを軽減するよう、適切に業務分担の見直しを行うこと。 ②業務の点検を行い、業務の効率化等を行うこと。
ロ　労働者の側においても、制度等の利用ができるという知識を持つことや、周囲と円滑なコミュニケーションを図りながら自身の制度の利用状況等に応じて適切に業務を遂行していくという意識を持つこと等を、制度等の利用の対象となる労働者に周知・啓発することが望ましいこと（派遣労働者にあっては、派遣元事業主に限る。）。	（周知・啓発を適切に講じていると認められる例） ①社内報、パンフレット、社内ホームページ等広報又は啓発のための資料等に、労働者の側においても、制度等の利用ができるという知識を持つことや、周囲と円滑なコミュニケーションを図りながら自身の制度の利用状況等に応じて適切に業務を遂行していくという意識を持つこと等について記載し、妊娠等した労働者や制度等の利用の対象となる労働者に配布等すること。 ②労働者の側においても、制度等の利用ができるという知識を持つことや、周囲と円滑なコミュニケーションを図りながら自身の制度の利用状況等に応じて適切に業務を遂行していくという意識を持つこと等について、人事部門等から妊娠等した労働者や制度等の利用の対象となる労働者に周知・啓発すること。

(2)－2　職場におけるパワーハラスメントの原因や背景となる要因を解消するための措置

　　事業主は、職場におけるパワーハラスメントの原因や背景となる要因を解消するため、次の取組を行うことが望ましい。

　　なお、取組を行うにあたっては、労働者個人のコミュニケーション能力の向上を図ることは、職場におけるパワーハラスメントの行為者・被害者の双方になることを防止する上で重要であることや、業務上必要かつ相当な範囲で行われる適正な業務指示や指導については、職場におけるパワーハラスメントには該当せず、労働者が、こうした適正な業務指示や指導を踏まえて真摯に業務を遂行する意識を持つことも重要であることに留意することが必要である。

イ　コミュニケーション の活性化や円滑化のた めに研修等の必要な取 組を行うこと。	（コミュニケーションの活性化や円滑化のために必要な取組 例） ①日常的なコミュニケーションを取るよう努めることや定期 的に面談やミーティングを行うことにより、風通しの良い 職場環境や互いに助け合える労働者同士の信頼関係を築 き、コミュニケーションの活性化を図ること。 ②感情をコントロールする手法についての研修、コミュニケー ションスキルアップについての研修、マネジメントや指導 についての研修等の実施や資料の配布等により、労働者が 感情をコントロールする能力やコミュニケーションを円滑 に進める能力等の向上を図ること。
ロ　適正な業務目標の 設定等の職場環境の 改善のための取組を行 うこと。	（職場環境の改善のための取組例） ①適正な業務目標の設定や適正な業務体制の整備、業務の効 率化による過剰な長時間労働の是正等を通じて、労働者に 過度に肉体的・精神的負荷を強いる職場環境や組織風土を 改善すること。

(3) 労働者や労働組合等の参画を得ること

　　事業主は、2の措置を講じる際に、必要に応じて、労働者や労働組合等の参画を得つつ、アンケート調査や意見交換等を実施するなどにより、その運用状況の的確な把握や必要な見直しの検討等に努めることが重要である。

　　なお、労働者や労働組合等の参画を得る方法として、例えば、労働安全衛生法第18条第1項に規定する衛生委員会の活用なども考えられる。

3　事業主が自らの雇用する労働者以外の者に対する言動に関し行うことが望ましい取組の内容

事業主は、当該事業主が雇用する労働者が、他の労働者（他の事業主が雇用する労働者及び求職者を含む。）のみならず、個人事業主、インターンシップを行っている者等の労働者以外の者に対する言動についても必要な注意を払うよう配慮するとともに、事業主（その者が法人である場合にあっては、その役員）自らと労働者も、労働者以外の者に対する言動について必要な注意を払うよう努めることが望ましい。

> （1）当該事業主が雇用する労働者以外の者に対するハラスメントを行ってはならない旨の方針の明確化
> 　事業主は、1（1）イの事業主の方針の明確化等を行う際に、当該事業主が雇用する労働者以外の者（他の事業主が雇用する労働者、就職活動中の学生等の求職者及び労働者以外の者）に対する言動についても、同様の方針を併せて示すことが望ましい。
> 　また、これらの者から職場におけるハラスメントに類すると考えられる相談があった場合には、その内容を踏まえて、1の措置も参考にしつつ、必要に応じて適切な対応を行うように努めることが望ましい。

4　事業主が他の事業主の雇用する労働者等からのハラスメントや顧客等からの著しい迷惑行為に関し行うことが望ましい取組の内容

事業主は、取引先等の他の事業主が雇用する労働者または他の事業主（その者が法人である場合にあっては、その役員）からのハラスメントや顧客等からの著しい迷惑行為（暴行、脅迫、ひどい暴言、著しく不当な要求等）により、その雇用する労働者が就業環境を害されることのないよう、雇用管理上の配慮として、例えば、（1）及び（2）の取組を行うことが望ましい。また、（3）のような取組を行うことも、その雇用する労働者が被害を受けることを防止する上で有効と考えられる。

（1）相談に応じ、適切に対応するために必要な体制の整備

　　事業主は、他の事業主が雇用する労働者等からのハラスメントや顧客等からの著しい迷惑行為に関する労働者からの相談に対し、その内容や状況に応じ適切かつ柔軟に対応するために必要な体制の整備として、1（2）[相談に応じ、適切に対応するために必要な体制の整備]のイおよびロの例も参考にしつつ、次の取組を行うことが望ましい。

　　また、併せて、労働者が当該相談をしたことを理由として、解雇その他不利益な取扱いを行ってはならない旨を定め、労働者に周知・啓発することが望ましい。

イ　相談先（上司、職場内の担当者等）をあらかじめ定め、これを労働者に周知すること。	
ロ　イの相談を受けた者が、相談に対し、その内容や状況に応じ適切に対応できるようにすること。	

（2）被害者への配慮のための取組

　　事業主は、相談者から事実関係を確認し、他の事業主が雇用する労働者等からのハラスメントや顧客等からの著しい迷惑行為が認められた場合には、速やかに被害者に対する配慮のための取組を行うことが望ましい。

	（被害者への配慮のための取組例） ・事案の内容や状況に応じ、被害者のメンタルヘルス不調への相談対応、著しい迷惑行為を行った者に対する対応が必要な場合に一人で対応させない等の取組を行うこと。

（3）他の事業主が雇用する労働者等からのハラスメントや顧客等からの著しい迷惑行為による被害を防止するための取組

　　（1）及び（2）の取組のほか、他の事業主が雇用する労働者等からのハラスメントや顧客等からの著しい迷惑行為からその雇用する労働者が被害を受けることを防止する上では、事業主が、こうした行為への対応に関するマニュアルの作成や研修の実施等の取組を行うことも有効と考えられる。

　　また、業種・業態等によりその被害の実態や必要な対応も異なると考えられることから、業種・業態等における被害の実態や業務の特性等を踏まえて、それぞれの状況に応じた必要な取組を進めることも、被害の防止にあたっては効果的と考えられる。

巻末資料２：ハラスメントと業務による心理的負荷の評価

　心理的負荷による精神障害の労災認定については、「心理的負荷による精神障害等に係る業務上外の判断指針」（H11.9.14 基発第 544 号）に基づいて、業務上であるかないかの判断が行われている。

　これによると、以下のいずれの要件もみたす対象疾病は、「業務上の疾病」（労基法施行規則別表第 1 の 2 第 9 号）として取り扱うものとされている。

① 対象疾病（精神障害）を発病していること。

② 対象疾病の発病前おおむね 6 か月の間に、業務による強い心理的負荷が認められること。

③ 業務以外の心理的負荷および個体側要因により対象疾病を発病したとは認められないこと。

　このうち、② の「心理的負荷」を判断するために、「心理的負荷による精神障害の認定基準」（平成 23 年 12 月 26 日基発 1226 第 1 号）が策定（2020 年 6 月改正）され、同基準中の「業務による心理的負荷評価表」において、対象疾病の発病に関与したと考えられる業務による出来事等による心理的負荷の程度が「強」「中」「弱」の三段階に区分されている（総合評価が「強」と判断される場合には、② の認定要件をみたす）。

　この「業務による心理的負荷評価表」中に、ハラスメントに関連する出来事の類型と心理的負荷の強度が掲載されており、当該言動がハラスメントに該当するかの判断の際に参考になるため、該当箇所を抜粋して掲載する。

具体的出来事	心理的負荷の総合評価の視点	心理的負荷の強度を「弱」「中」「強」と判断する具体例		
		弱	中	強
上司等から、身体的攻撃、精神的攻撃等のパワーハラスメントを受けた	①指導・叱責等の言動に至る経緯や状況 ②身体的攻撃、精神的攻撃等の内容、程度等 ③反復・継続など執拗性の状況 ④就業環境を害する程度 ⑤会社の対応の有無及び内容、改善の状況 (注) 当該出来事の評価対象とならない対人関係のトラブルは、出来事の類型「対人関係」の各出来事で評価する。 (注)「上司等」には、職務上の地位が上位の者のほか、同僚又は部下であっても、業務上必要な知識や豊富な経験を有しており、その者の協力が得られなければ業務の円滑な遂行を行うことが困難な場合、同僚又は部下からの集団による行為でこれに抵抗又は拒絶することが困難である場合も含む。	【解説】 上司等による身体的攻撃、精神的攻撃等が「強」の程度に至らない場合、心理的負荷の総合評価の視点を踏まえて「弱」又は「中」と評価 【弱】になる例】 ・上司等による「中」に至らない程度の身体的攻撃、精神的攻撃等が行われた場合	【中】になる例】 ・上司等による次のような身体的攻撃・精神的攻撃が行われ、行為が反復・継続していない場合 ▶治療を要さない程度の暴行による身体的攻撃 ▶人格や人間性を否定するような、業務上明らかに必要性がない又は業務の目的を逸脱した精神的攻撃 ▶必要以上に長時間にわたる叱責、他の労働者の面前における威圧的な叱責など、態様や手段が社会通念に照らして許容される範囲を超える精神的攻撃	【強】である例】 ①上司等から、治療を要する程度の暴行等の身体的攻撃を受けた場合 ②上司等から、暴行等の身体的攻撃を執拗に受けた場合 ③上司等による次のような精神的攻撃が執拗に行われた場合 ▶人格や人間性を否定するような、業務上明らかに必要性がない又は業務の目的を大きく逸脱した精神的攻撃 ▶必要以上に長時間にわたる厳しい叱責、他の労働者の面前における大声での威圧的な叱責など、態様や手段が社会通念に照らして許容される範囲を超える精神的攻撃 ④心理的負荷としては「中」程度の身体的攻撃、精神的攻撃等を受けた場合であって、会社に相談しても適切な対応がなく、改善されなかった場合

具体的出来事	心理的負荷の総合評価の視点	心理的負荷の強度を「弱」「中」「強」と判断する具体例		
		弱	中	強
同僚等から、暴行又は（ひどい）いじめ・嫌がらせを受けた	①暴行又はいじめ・嫌がらせの内容、程度等 ②反復・継続など執拗性の状況 ③会社の対応の有無及び内容、改善の状況	【解説】 同僚等による暴行又はいじめ・嫌がらせが「強」の程度に至らない場合、心理的負荷の総合評価の視点を踏まえて「弱」又は「中」と評価 【「弱」になる例】 ・同僚等から、「中」に至らない程度の言動を受けた場合	【「中」になる例】 ①同僚等から、治療を要さない程度の暴行を受け、行為が反復・継続していない場合 ②同僚等から、人格や人間性を否定するような言動を受け、行為が反復・継続していない場合	【「強」である例】 ①同僚等から、治療を要する程度の暴行等を受けた場合 ②同僚等から、暴行等を執拗に受けた場合 ③同僚等から、人格や人間性を否定するような言動を執拗に受けた場合 ④心理的負荷としては「中」程度の暴行又はいじめ・嫌がらせを受けた場合であって、会社に相談しても適切な対応がなく、改善されなかった場合
上司とのトラブルがあった	①トラブルの内容、程度等 ②その後の業務への支障等	【「弱」になる例】 ①上司から、業務指導の範囲内である指導・叱責を受けた ②業務をめぐる方針等において、上司との考え方の相違が生じた（客観的にはトラブルとはいえないものも含む）	【「中」である例】 ①上司から、業務指導の範囲内である強い指導・叱責を受けた ②業務をめぐる方針等において、周囲からも客観的に認識されるような対立が上司との間に生じた	【「強」である例】 ・業務をめぐる方針等において、周囲から客観的に認識されるような大きな対立が上司との間に生じ、その後の業務に大きな支障を来した
同僚とのトラブルがあった	①トラブルの内容、程度、同僚との職務上の関係等 ②その後の業務への支障等	「弱」になる例】 ・業務をめぐる方針等において、同僚との考え方の相違が生じた（客観的にはトラブルとはいえないものも含む）	「中」である例】 ・業務をめぐる方針等において、周囲からも客観的に認識されるような対立が同僚との間に生じた	「強」になる例】 ・業務をめぐる方針等において、周囲から客観的に認識されるような大きな対立が多数の同僚との間に生じ、その後の業務に大きな支障を来した

部下とのトラブルがあった	①トラブルの内容、程度等 ②その後の業務への支障等	【「弱」になる例】 ・業務をめぐる方針等において、部下との考え方の相違が生じた（客観的にはトラブルとはいえないものも含む）	【「中」である例】 ・業務をめぐる方針等において、周囲からも客観的に認識されるような対立が部下との間に生じた	【「強」になる例】 ・業務をめぐる方針等において、周囲からも客観的に認識されるような大きな対立が多数の部下との間に生じ、その後の業務に大きな支障を来した
セクシュアルハラスメントを受けた	①セクシュアルハラスメントの内容、程度等 ②その継続する状況 ③会社の対応の有無及び内容、改善の状況、職場の人間関係等	【「弱」になる例】 ①「○○ちゃん」等のセクシュアルハラスメントに当たる発言をされた場合 ②職場内に水着姿の女性のポスター等を掲示された場合	【「中」である例】 ①胸や腰等への身体接触を含むセクシュアルハラスメントであっても、行為が継続しておらず、会社が適切かつ迅速に対応し発病前に解決した場合 ②身体接触のない性的な発言のみのセクシュアルハラスメントであって、発言が継続していない場合 ③身体接触のない性的な発言のみのセクシュアルハラスメントであって、複数回行われたものの、会社が適切かつ迅速に対応し発病前にそれが終了した場合	【「強」になる例】 ①胸や腰等への身体接触を含むセクシュアルハラスメントであって、継続して行われた場合 ②胸や腰等への身体接触を含むセクシュアルハラスメントであって、行為は継続していないが、会社に相談しても適切な対応がなく、改善されなかった又は会社への相談等の後に職場の人間関係が悪化した場合 ③身体接触のない性的な発言のみのセクシュアルハラスメントであって、発言の中に人格を否定するようなものを含み、かつ継続してなされた場合 ④身体接触のない性的な発言のみのセクシュアルハラスメントであって、性的な発言が継続してなされ、かつ会社がセクシュアルハラスメントがあると把握していても適切な対応がなく、改善がなされなかった場合

凡例

【参考資料】 ※五十音順

・厚労省セクハラ・マタハラ等パンフ：「職場におけるセクシュアルハラスメント対策や妊娠・出産・育児休業・介護休業等に関するハラスメント対策は事業主の義務です！！」（厚生労働省 2018.10）

・厚労省マタハラ等パンフ：「職場における妊娠・出産・育児休業・介護休業等に関するハラスメント対策やセクシュアルハラスメント対策は事業主の義務です！！」（厚生労働省 2017.7）

・パワハラ対策マニュアル：「パワーハラスメント対策導入マニュアル 第3版」（厚生労働省 2018.4）

・不利益取扱いQ&A：「妊娠・出産・育児休業等を契機とする不利益取扱いに係るQ&A」（厚生労働省）

著者紹介

坂東 利国（ばんどう よしくに）

慶應義塾大学法学部法律学科卒業　弁護士（東京弁護士会）
東京エクセル法律事務所パートナー弁護士
日本労働法学会所属
日本CSR 普及協会所属
一般財団法人日本ハラスメントカウンセラー協会顧問

【主な著書】

「マイナンバー社内規程集」（日本法令・2015年）、「マイナンバー実務検定公式テキスト」（日本能率協会マネジメントセンター・2015年）、「社労士のためのマイナンバー関連書式集」（日本法令・2016年）、「中小企業のためのマイナンバー関連書式集」（日本法令・2016年）、「個人情報保護士認定試験公認テキスト」（全日本情報学習振興協会・2017 年）、「改正個人情報保護法対応規程・書式集」（日本法令・2017年）、「無期転換制度による法的リスク対応と就業規則等の整備のポイント（DVD）」（日本法令・2018年）「『同一労働・同一賃金』の実務（DVD）」（日本法令・2019年）、「働き方改革と労働法務（働き方改革検定公式テキスト）」（マイナビ出版・2019年）、「人事に役立つ ハラスメント判例集50」（マイナビ出版・2020年）ほか

一般財団法人 日本ハラスメントカウンセラー協会主催　ハラスメント研修

- ・管理職研修
- ・一般社員研修
- ・認定ハラスメント相談員Ⅱ種研修
- ・ハラスメントマネージャーⅡ種認定研修
- ・ハラスメントカウンセラー認定研修
- ・上級ハラスメントマネージャー認定研修

問合せ先：一般財団法人 日本ハラスメントカウンセラー協会
TEL：03-5276-6663
https://www.harassment-counselor.com/

一般財団法人 全日本情報学習振興協会

・書籍の販売、セミナー及び各種検定試験等の情報をご案内しています。

TEL：03-5276-0030
http://www.joho-gakushu.or.jp/

管理職用
ハラスメント研修の教科書

2020年8月29日　初版 第1刷発行

著　者　　坂東利国

編　者　　一般財団法人 全日本情報学習振興協会

発行者　　牧野常夫

発行所　　一般財団法人 全日本情報学習振興協会
　　　　　〒102-0093 東京都千代田区平河町2-5-5
　　　　　全国旅館会館1F
　　　　　TEL：03-5276-6665

販売元　　株式会社 マイナビ出版
　　　　　〒101-0003 東京都千代田区一ツ橋2-6-3
　　　　　一ツ橋ビル2F
　　　　　TEL：0480-38-6872（注文専用ダイヤル）
　　　　　03-3556-2731（販売部）
　　　　　URL：http://book.mynavi.jp

印刷・製本　　大日本法令印刷株式会社

※本書のコピー、スキャン、電子データ化等の無断複製は、著作権法上での例外を除き、
　禁じられております。

※乱丁・落丁のお問い合わせ
　TEL：0480-38-6872（注文専用ダイヤル）
　電子メール：sas@mynavi.jp

※定価は、カバーに表示してあります。

©2020　坂東利国
Printed in Japan
ISBN コード 978-4-8399-7432-9　C2034